W0045479

THORSTEN WEISS

Mit dem REINEN GEFÜHL
unendliche Möglichkeiten entdecken

Der Transformationsprozess in die kristalline Matrix

Haftungsausschluss

Die in diesem Buch vorgestellten Übungen und Empfehlungen wurden mit größter Sorgfalt zusammengestellt, um Menschen bei ihrem Transformationsprozess zu unterstützen. Jedoch können weder die Autoren noch der Verlag Haftung, Garantie oder Gewährleistung für die Anwendung übernehmen. Die Übungen stellen keinen Ersatz für eine professionelle medizinische Hilfe dar. Im Falle ernsthafter Symptome muss ein Arzt aufgesucht werden.
Die Inhalte dieses Buches sind kein Ersatz für medizinische, therapeutische, psychologische oder psychiatrische Behandlungen.

ISBN 978-3-8434-1027-4

Thorsten Weiss: Mit dem reinen Gefühl unendliche Möglichkeiten entdecken Der Transformationsprozess in die kristalline Matrix Copyright © 2011 Schirner Verlag, Darmstadt	Umschlag: Murat Karaçay, Schirner, unter Verwendung von #2024469 (Elen), www.fotolia.de Redaktion & Satz: Bastian Rittinghaus, Schirner Printed by: OURDASdruckt!, Celle, Germany

www.schirner.com

1. Auflage 2011

Inhalt

Ich widme dieses Buch allen Menschen, die offen dafür sind, die ihnen inne-wohnende Wahrheit zu erkennen.

Ich danke Jenny aus tiefstem Herzen dafür, dass sie mir jeden Tag die Mög-lichkeit gibt, mein authentisches Selbst zum Ausdruck zu bringen.

Ich danke Zelina und Ives dafür, dass sie mir so viel Freude bereiten und mein Leben zu etwas Besonderem machen.

Und ich danke dem Leben und meinen geistigen Führern, den Meistern der 12. Dimension, für all die kraftvollen Einsichten.

In Liebe dem Leben aller gewidmet

Vorwort

Kürzlich war ich mit meiner Partnerin Jenny und ihren kleinen Nichten Roos und Sophie im Kino. Es war ein schöner Samstagnachmittag mit Pfannkuchen und Popcorn. Wir schauten einen Kinderfilm über eine kleine Hexe, die aus einem Ei schlüpfte, das ein Zauberer im Wald entdeckt und mitgenommen hatte. Er hatte es zum Frühstück essen wollen, doch als er am Morgen erwachte, war er stattdessen zum Vater einer kleinen Hexe geworden. Jetzt wurde es richtig lustig: ein ganzer Film voller toller Zaubertricks, guter Hexereien und mit der liebevollen Geschichte eines Zauberers inmitten einer Schar fröhlicher Hexen. Nichts schien unmöglich zu sein, und die kindliche und etwas blauäugige Kreativität und geduldige Gelassenheit der Mini-Hexe führte dazu, dass es für alles, einfach alles, eine Lösung gab. Keine Herausforderung schien zu groß zu sein. Und warum war das so? Weil diese kleine Hexe keine andere Erfahrung gemacht hat. Sie war mit dem Urzustand ihrer Kraft verbunden und ständig im Flow des reinen Gefühls. Von dieser Kraft haben wir uns längst entfernt, doch wir stehen immer noch in Verbindung mit ihr. Heute, ein paar Wochen später, fühle ich mich immer noch genauso gestärkt wie damals, als ich inmitten vieler Kinder mit leuchtenden Augen den Kinosaal verließ. Ich bleibe mit der Kraft des Zauberers verbunden, indem ich mich in das Feld des Unmöglichen hineinfühle. Ich spüre, wie die Zauberkraft in jeder meiner Zelle schwingt und mich zum Zauberer macht. Ich selbst bin zum Zauberer geworden. Es hat eine kraftvolle Rückverbindung stattgefunden, ich bin in das reine Gefühl eingetreten. Durch einen Kinderfilm – kann das sein?

Genau darum geht es in diesem Buch. Du bist dazu eingeladen, in das Quantenfeld der Wunder einzutreten, in dem alles möglich ist. Aus diesem Feld heraus werden die Wunder erschaffen, nach denen du dich sehnst. Die Zeit ist reif dafür, und es ist so einfach! All die Geheimnisse und Mysterien, die bisher nur den großen Meistern und auserwählten Heilern zugänglich waren, werden nun zu einem Allgemeingut. Dieses reine Gefühl kann jedes Kind erlernen. Wenn du dich jetzt dafür öffnest, wirst du mit dem allumfassenden Feld der Wunder etwas entdecken, was vielleicht noch nicht ganz und gar wissenschaftlich beweisbar ist. Doch seien wir mal ehrlich: Das Einzige, was wirklich zählt, ist, dass es funktioniert. Und ich kann dir versichern: es funktioniert!

Bist du bereit, tiefer in das Mysterium einzutauchen? Willst du es in deinem Alltag nutzen? Willst du erfahren, was es heißt, ständig im Superflow zu sein? Willst du Heilung anwenden? Dann ist dies das richtige Buch für dich. Es ist keine wissenschaftliche Abhandlung. Dieses Buch gibt dir aber einen Begleiter an die Hand, der es dir ermöglicht, Heilerin/Heiler, wahre Schöpferin/wahrer Schöpfer, der Zauberer aus dem Kinderfilm zu sein und alles in deinem Leben möglich zu machen.

Bist du bereit? Dann komme mit auf die spannende Reise, mit der Urmatrix in Verbindung zu kommen und das reine Gefühl zu erleben.

Von Herzen

Thorsten Weiss

Wunder-volle Geschichten

Es erreichen mich mittlerweile viele Hundert Mails von Menschen, die auf Seminaren, während Meditationen und Channeling-Events dieses Gefühl vollkommener Transformation erlebt haben. Bestimmt kennst du es auch und weißt, was ich meine. Wenn du dich jetzt an eines der Seminare erinnerst, nach denen du dich so verändert und erhöht gefühlt hast, dann kannst du dieses Gefühl wieder abrufen. Vielleicht nicht so stark wie damals – das liegt daran, dass dein Unterbewusstsein dir einen Streich spielt. Du blockierst selbst das Gefühl, denn du meinst, es könne ja nicht sein, dass es jetzt genauso stark wieder eintritt, weil keiner da ist, der diese Kraft jetzt in diesem Moment erschafft. Das stimmt, doch wenn wir das Konzept dreidimensionaler Zeit verlassen, dann ist alles jetzt, dann gibt es keine Vergangenheit mehr. Das bedeutet, dass du immer Zugriff auf alles hast. So lässt sich auch erklären, dass selbst, wenn der Empfänger glaubt, gerade eine energetische Übertragung zu bekommen, diese nicht zur gleichen Zeit stattfinden muss. Denn selbst bei Energieübertragungen auf Distanz beschreiben mir Menschen, wie fantastisch das Erlebnis gewesen sei, mit der Kraft und dem Quantenfeld in Verbindung getreten zu sein.

Vor mehr als zwei Jahren hat mir meine geistige Führung eingeflüstert, dass ich bei Menschen die kristalline Struktur aktivieren soll. Ich werde später noch darauf eingehen. Momentan reicht es für deine Vorstellung, dass es dabei darum geht, sich mit dem kristallinen Feld der 12. Dimension rückzuverbinden und dadurch wieder mit der Urmatrix des »Schöpfer-Seins« in Kontakt zu kommen. Menschen, bei denen ich diese Aktivierung durchgeführt habe, konnten anschließend in ihrem Leben beobachten, wie diese Verbindungen sie in den Superflow brachten.

Einmal hatte ich einen Termin für diese Aktivierung mit einer Person vereinbart, doch dann bekam ich einen Anruf und wurde gebeten, einen Vortrag zu halten – genau zum mit der Person vereinbarten Termin. Ich wollte den Termin für die Aktivierung der kristallinen Struktur verlegen, doch in dem Moment, in dem ich das Telefon zur Hand nahm, sprach einer meiner geistigen Führer mit der strengen Stimme zu mir, die mir sagt, dass es wichtig ist, sehr präzise hinzuhören. Was er mir zu sagen hatte, leuchtete mir gleich ein: Thorsten, sagte er, du erzählst den Menschen in deinen Vorträgen von der Neuen Bewusstheit. Du führst sie in deinen Meditationen in einen multidimensionalen Raum jenseits der Zeit und bringst sie dadurch mit der Urmatrix in Berührung. Warum handelst du nicht danach in deiner Arbeit? Ich verstand: »Heißt das also, dass ich diese Aktivierung zu einem anderen als dem vereinbarten Zeitpunkt durchführen kann?« Die Antwort war ein Ja. Ich habe mir also in meinem Kalender einen Termin dafür reserviert, der ca. 7 Stunden vor dem vereinbarten Zeitpunkt lag, und habe die Aktivierung der kristallinen Struktur auf Distanz durchgeführt, ohne dass die Person davon wusste. Gewöhnlich bekomme ich am folgenden Tag eine E-Mail, in der die Menschen mir schreiben, was sie erlebt haben und wie sie sich fühlen. Ich hatte dieser Person ihre Aktivierung aus einer Entfernung von 600 km und mit einer Zeitdifferenz von 7 Stunden gegeben. Natürlich habe ich mich geistig darauf fokussiert, dass es bereits abends wäre, und die Intention in diese Aktivierung gegeben, dass sie genau zu dem Zeitpunkt stattfände, zu dem die Person sich darauf konzentriert. Hier also das Feedback, das ich ein paar Tage später erhalten habe:

»Ich danke dir von Herzen für alles, was du bis jetzt in meinem Leben bewegt hast. Es war sicher kein Zufall, dass ich auf deiner Homepage gelandet bin. Da war gleich dieses Gefühl, das mir sagte: Da finde ich das, wonach ich schon so lange suche.

Und welch ein Genuss ... ich stellte mir den Wecker und habe um 20 Uhr die Meditation gemacht. Eine große Hitze floss in meinen gesamten Körper, sodass mir der Schweiß den Körper hinunterlief. Ich erklärte mir das damit, dass für meinen Körper die Energien der 12. Dimension doch sehr hoch sind. Als du zu sprechen begannst ... wow! Diese sehr angenehme Stimme und die Meister der 12. Dimension mit ihren Worten, das alles hat mich sehr tief berührt, und mir flossen viele Tränen. Ich spürte meinen gesamten Körper vibrieren. Danach bin ich gleich ins Bett und habe viele Stunden geschlafen.«

Ist das nicht faszinierend? Selbst das Lesen über die Erlebnisse anderer wird bei dir bereits eine Veränderung auslösen, denn du hast bereits jetzt eine Verbindung zum Quantenfeld. Seit du das Buch in die Hände genommen hast, du es gekauft hast oder jemand es als Geschenk für dich ausgewählt hat, befindest du dich in diesem Feld. Die Kraft der Entscheidung spielt beim Zugriff auf die Matrix eine große Rolle. Wie genau das funktioniert, möchte ich dir später noch genauer erklären.

Energien können auf ganz unterschiedliche Weise empfangen werden. Eines jedoch möchte ich gleich vorweg klären: Die Menschen glauben manchmal, dass diese Energie von mir käme. Ich freue mich natürlich über diese Ehre, und besonders meinem Ego tut es gut, das zu hören. Doch in Wirklichkeit funktioniert es nicht so. Der einzige Beitrag, den ich dazu leiste, ist, den

Kanal zur Verfügung zu stellen. Diese Energie geht nicht durch mich hindurch, sondern ich bin vielmehr der »Lenker« der Energie, die auf ein ganz bestimmtes Thema oder auf ein Problem wie eine Krankheit, eine Lebenssituation oder eine emotionale Blockade gerichtet wird, um diese in einen Transformationsprozess zu lenken.

Früher habe ich für einen Englisch sprechenden Trainer Seminarunterlagen ins Deutsche übersetzt. Es handelte sich um Seminare, in denen die Menschen lernten, andere Menschen zu heilen. Sie mussten also ganz genau wissen, was zu tun war, um, was sie gelehrt bekamen, korrekt umzusetzen. Es war also äußerst wichtig, dass die Skripte nicht nur übersetzt wurden, sondern so exakt waren, dass sie auch anwendbar und wirksam waren. Beim Übertragen von Energien geht es nicht nur darum, diese zu lenken, sondern sie auch so zu übersetzen, dass der Anwender sie versteht. Diese Fokussierung ist der Anteil, den ich als Heiler an dem Geschehen habe. Doch das ist alles, was ich tue.

Es gibt sozusagen ein großes Lagerhaus voller identischer Päckchen, die mit dem Gleichen gefüllt sind: allumfassendem Wissen, dem großen göttlichen Feld, der Urmatrix. Ich nehme eines dieser Päckchen und schicke es an dich. Wenn du es auspackst, spürst du die Quelle. Doch im Grunde brauchst du dieses Päckchen nicht. Du brauchst weder mich noch einen anderen Paketzusteller. Du brauchst nur das Lagerhaus. Und selbst das ist nur eine Kreation deiner Fantasie.

Wahrscheinlich bist du bereits spirituell gebildet und kennst die eine oder andere spirituelle Praktik. Denkst du, dass einer ihrer Urheber jemals irgendetwas in den Händen gehalten hat, was die Existenz der Quelle wirklich bewiese? Jede Philosophie, jede Weisheitslehre, jede Religion, die ganze Spiritualität haben als Paradigma mehr oder weniger den Glauben an etwas Höheres – ob dies nun das Göttliche oder die Urmatrix oder sonst wie genannt wird. Du kannst ihm den Namen geben, mit dem du dich wohlfühlst.

Die einzige Frage, die wir uns hier stellen müssen, ist diese: Hat irgendein Mensch es jemals gesehen? Jeder von uns hat ein anderes Bild im Kopf. Um bei dem Bild zu bleiben, sieht jedes Lagerhaus anders aus. Es unterscheidet sich in Baumaterial, Form und Größe, das eine hat andere Verzierungen als das andere. Doch letztlich ist es vollkommen egal, wie es aussieht. Erschaffe dir einfach dein eigenes Lagerhaus. Deine Quelle des allumfassenden Quantenfeldes soll in deiner blühenden Fantasie entstehen. Vorläufig möchte ich dir gern mein Bild zur Verfügung stellen, doch nimm es nur an, solange es sich für dich richtig anfühlt. Sei kreativ, sei offen für Veränderung. Vielleicht sprechen wir in ein paar Jahren nicht mehr von Quantenheilung oder der Matrix-Welle. Vielleicht sprechen wir nicht mehr von Engeln, aufgestiegenen Meistern oder dem Göttlichen. Gehe mit der Zeit, und höre vor allem immer auf dein tiefstes Inneres. Entwickle im Quantenfeld der Heilung deine eigene Wahrheit, und kreiere dir aus dieser heraus deine Quelle, dein Lagerhaus, deinen Engel. Das Einzige, was immer bleiben wird, ist der Blick in die Augen des allergrößten, allumfassenden Schöpfers: immer dann, wenn du in den Spiegel siehst.

Das reine Gefühl

Vielleicht spürst du gerade eine Welle des Wohlbefindens durch deinen Körper fließen. Dann lege das Buch einmal kurz zur Seite, und konzentriere dich nur darauf.

Dieses reine Gefühl ist nichts, was du erlernen kannst. Es ist bereits vollkommen in jedem ausgeprägt. Die Frage ist nur, wie offen du dafür bist. Oder die Umkehrfrage: Wie viel wehrst du davon ab?

Die Ablehnung des reinen Gefühls kann sowohl auf einer bewussten als auch auf einer unbewussten Ebene geschehen. In den meisten Fällen liegt die Ursache im Unbewussten. Hier wirken Kräfte, derer wir nicht gewahr sind und die uns doch beeinflussen. Du solltest dich auf die Suche nach ihnen begeben, denn als du auf diese Welt kamst, warst du reines Bewusstsein. Den ersten Atemzug, den du gemacht hast, machtest du in reinem Bewusstsein. Am Ende dieses Buches wirst du dich daran erinnert haben, wie das war, und darauf kannst du dann immer zugreifen. Du hast dann sozusagen einen Schalter, den du umlegen kannst, um wieder in dieses Gefühl vollkommener Verbundenheit mit allem zu kommen.

Warst du schon einmal verliebt? Dann kennst du dieses Gefühl, vollkommen in deiner Kraft zu sein und Bäume ausreißen zu können. Du hattest den Eindruck, dass es keine Hindernisse geben könnte, denn die Kraft der Liebe, der »Flow«, führte dich, und ein starkes Glücksgefühl, das sich bis zu Ekstase und völliger Glückseligkeit steigern kann, hüllte dich in eine rosarote Wolke. Selbst wenn du noch nie verliebt warst und keine bewusste Erinnerung an dieses unendliche Glück hast, gibt es eine unbewusste Erinnerung, über die dein Höheres Selbst Zugang zum reinen Gefühl finden kann. Es ist in dir angelegt, und deine Seele weiß das. Sie wird dich dort hinführen.

Die Frage ist nicht, ob du dazu in der Lage bist, sondern, ob du offen dafür bist.

Ich selbst war jahrelang auf der Suche nach dem Frieden und der Gelassenheit, die die großen Meister der Vergangenheit auszeichneten. Ich konnte sie aber einfach nicht finden – denn gleichzeitig auf der Suche zu sein und absolute Stille und Frieden zu empfinden, ist in sich ein Widerspruch. Natürlich ist es jedem möglich, temporär in diesen Zustand einzutreten. Das Leben bleibt dann aber von den zahlreichen Aufs und Abs bestimmt. Die wirkliche, permanente tiefe Ruhe kann erst dann eintreten, wenn du es schaffst, alles loszulassen und vollkommen zu vertrauen. Ich stand also vor der Wahl: Übergebe ich die Kontrolle über mein Schicksal meiner höheren Führung, oder bleibe ich auf dem Weg des Erklärbaren, des Nachvollziehbaren und der vermeintlichen Sicherheit? Ich folgte meinem Herzen, und heute bin ich darüber heilfroh. Das war nicht immer einfach, denn seinem Herzen zu folgen, heißt auch, verletzlich zu sein und sich angreifbar zu machen. Es kann sehr schmerzhaft sein, denn je nachdem, was du in deiner Vergangenheit erlebt hast, kommt es auch immer wieder zu Konfrontationen mit den alten Verletzungen. Diese sind tief in deinem unterbewussten System eingebrannt, obwohl du sie vielleicht bewusst längst vergessen hast. Sie schlummern in irgendeiner Ecke des unterbewussten Geistes und beeinflussen von dort ständig latent dein Leben.

An dieser Stelle habe ich eine gute und eine weniger gute Nachricht, zuerst jedoch eine Frage: Möchtest du zur Meisterin, zum Meister deines Lebens werden? Das ist an dieser Stelle eine wichtige Entscheidung, denn auf dem Weg zu dieser Meisterschaft wirst du notwendigerweise wieder mit all den alten, noch nicht erledigten Dingen in dir konfrontiert. Das ist die weniger gute Nachricht, denn wer will schon aus seiner Komfortzone hinaus? Können die alten Geschichten nicht einfach da bleiben, wo sie sind? Wenn sie dort bleiben, werden sie dich immer wieder einschränken, werden die Konflikte immer wieder ausgelöst, sobald du in eine ähnliche Situation gerätst.

Als ich zwei Jahre alt war, haben meine Eltern sich getrennt. Das war für meine Mutter der Weltuntergang, und sie hat ihr ganzes Leben darunter gelitten. Für mich war es nicht schlimm, meinen Vater nicht mehr zu sehen, zumindest habe ich keine Erinnerung mehr daran. Und doch weiß ich heute, dass verlassen zu werden eine meiner größten Ängste war. Tief in meinem Innern hat diese Angst weitergewirkt und wie eine unsichtbare Kraft immer wieder Situationen kreiert, in denen ich verlassen wurde. Als wollte mir irgendetwas sagen: »Schau her, Thorsten, du hast es schon wieder geschafft. Da hast du wieder diese Situation, endlich wurde dir dein ›Wunsch‹ wieder erfüllt.« Heute weiß ich, dass das meine eigene Kreation war. Der Umstand, dass meine Beziehungen allesamt nicht lang hielten, hatte nichts damit zu tun, dass es nicht hätte funktionieren können. Allein, weil meine unbewusste Konditionierung immer und immer wieder Verlassenwerden und Trennung »gesucht« hat, wurde ich immer wieder damit konfrontiert ... bis zu dem Moment, an dem ich mich diesem Muster gestellt habe und tief in mir nachgeforscht habe, zu welchem Zeitpunkt ich zum allerersten Mal überhaupt von diesem Konzept von Trennung und Verlassenwerden erfahren habe.

21

Dies ist nur ein Beispiel dafür, wie unser Unterbewusstsein immerzu ausführt, was in unseren Konditionierungen angelegt ist. Es braucht nur eine »Fehlinformation«, und wir leiden ein Leben lang. Deswegen ist es immens wichtig, uns diese alten Dinge, bevor wir sie loslassen, noch einmal anzusehen und bewusst zu machen. Dein Unterbewusstsein möchte eigentlich nur eines: dich vor Gefahren schützen. Doch oft hat es die falsche Information, weil du etwas anderes abgespeichert hast, als du auf der bewussten Ebene wolltest.

Und nun noch die gute Nachricht: Wenn du dieses Prinzip einmal verstanden hast, dann kannst du dich relativ schnell von all diesem alten Ballast befreien. Dann kannst du vorangehen und dein Leben aufräumen. Auf diese Weise wirst du ganz schnell in einen Zustand von Freiheit, innerem Frieden und Glückseligkeit kommen. Das reine Gefühl wird dann dein ständiger Begleiter sein, und das Leben wird zu einem großen Fest. Hast du dich entschieden? Willst du die Meisterschaft über dein Leben erlangen?

Der Transformationsprozess – Was gibt es zu tun?

Du willst das reine Gefühl, ein reines Bewusstsein entwickeln. Was genau musst du dafür entwickeln? Ich werde oft gefragt, ob es eine Art Checkliste gibt, mit der man arbeiten kann. Natürlich gibt es eine Anzahl von Qualitäten, die entwickelt sein müssen, um dieses reine Gefühl zu einer Art Alltagszustand zu machen. Dorthin führt selbstverständlich für jeden Menschen ein individueller Weg, denn jede Seele ist unterschiedlich entwickelt, hat andere Lebensthemen und eine andere Vergangenheit. Die folgende Aufzählung kann dennoch für jeden als To-do-Liste (»Da-sollte-ich-mich-drum-kümmern-Liste«) dienen, der sich zu einer Meisterin, einem Meister entwickeln möchte.

Emotionale Ausbalancierung

Du musst die emotionalen Ereignisse und Traumata deiner Vergangenheit integrieren, um in allen Lebenssituation ruhig und gelassen bleiben zu können. Hierbei hilft die Anwendung einer Kombination von Akupressur und

Kinesiologie, z. B. EFT und Omega-Healing. Mithilfe dieser Methoden können alle emotionalen Themen, auch posttraumatischer Stress und Phobien, rasch im Energiesystem ausgeglichen werden, meist in nur einer Heilsitzung.

Eine Heilungs-Identität erlangen

Verändere deine Glaubensmuster in Bezug darauf, dass du ein Opfer des Schicksals bist, zu einem Selbstverständnis als selbst-heilende Persönlichkeit. Hoffnungslosigkeit lähmt das Immunsystem und schwächt den Körper. Der absolute Glaube daran, dass der Körper ein Selbstheilungs-Instrument ist, setzt hingegen Kräfte in Gang, die zur Gesundheit führen. Dies ist am besten durch das Hören von geführten Meditationen zu erreichen, die diese Identität auch im neurobiologischen System integrieren.

(Ich habe eine CD mit dem Titel »Heilung für dich« veröffentlicht, die sich hierzu gut eignet.)

Umprogrammierung des Unterbewusstseins durch Trance-Meditation

Unsere größte Blockade ist unser kritischer Verstand, der uns oft bei unserer Weiterentwicklung im Wege steht, weil es seine »Aufgabe« ist, alles zu sabotieren, was sich nicht erklären lässt. Und für den Verstand ist es nicht einzusehen, warum wir eine neue Identität voller Selbstvertrauen, Glückseligkeit und Freude erlangen wollen, wenn wir bislang von Selbstzweifeln, Opfergedanken und Kummer geprägt waren. Deswegen muss der kritische Verstand durch eine Trance-Meditation entspannt werden, sodass das Unterbewusstsein mit kraftvollen und Heilung unterstützenden Botschaften versorgt werden kann. Du kannst entscheiden, was am besten dem entspricht, was du in Zukunft sein, entwickeln und haben möchtest.

(Später in diesem Buch findet sich eine solche Trance-Meditation.)

Kausalfaktoren

In deinem energetischen System gibt es für jeden körperlichen Zustand, jede emotionale Befindlichkeit und alle Ereignisse und Situationen entsprechende krankheitsverursachende bzw. gesundheitsschwächende Kräfte. Diese musst du aufspüren, neutralisieren und transformieren. Es existieren ganz unterschiedliche Kausalfaktoren, angefangen bei Stoffen, die von außen zugeführt werden, wie Schwermetalle, chemische Toxine und Viren, über energetische Einflüsse wie die der Geopathie, mentaler und emotionaler Stress, krankheitsbildende Überzeugungen, schlechte Gewohnheiten wie Zigaretten oder Alkohol, ernährungsbedingte Mangelerscheinungen, Allergien, Impfungen, energieblockierendes Narbengewebe und vieles mehr. In meiner Praxis als Gesundheits-Coach habe ich die Möglichkeit, Hunderte von verschiedenen Kausalfaktoren zu überprüfen.

Die Wiederverbindung der Organe

In unserem Körper gibt es energetische Störungen, die sich im Laufe des Lebens auch auf der Ebene der Organe ausdrücken können. Dann arbeiten einzelne Organe, z. B. die Nieren und die Leber, nicht mehr in Harmonie miteinander. Dadurch funktioniert die Regeneration der Zellen nicht optimal, Toxine werden nicht ausgeschieden, und das ganze biologische System erreicht nicht seine volle Leistungskraft. Mithilfe des körpereigenen Energieflusses können solche Organe wieder verbunden werden. Dadurch wird der Alterungsprozess der Organe und des Körpers umgekehrt, Körper, Seele und Geist verjüngen sich. Dein Körper benötigt dann immer weniger Energie für die Aufrechterhaltung der Gesundheit, und umso mehr hast du zur Verfügung, die du gezielt einsetzen kannst.

Obwohl mein Körper 40 Jahre alt ist, ist mein biologisches Alter, also das energetische Alter meiner Organe, gerade einmal 22.

Karmische Verbindungen auflösen

Karmische Verbindungen sind Ereignisse, die weit in der Vergangenheit liegen. Dem Thema »Karma« habe ich ein eigenes Kapitel gewidmet, weil ich es so essenziell finde, dass wir uns von diesem so mächtigen Thema endlich verabschieden. Entscheidend ist, ob du noch an Karma »glaubst« oder ob du dieses Glaubenssystem bereits in deinem Geist verändert hast. Dieser Punkt ist also nur für diejenigen von Belang, für die Karma eine Rolle spielt oder die sich momentan noch nicht vorstellen können, dass es möglich ist, da »auszusteigen«. Ich biete dir, wenn du dafür offen bist, in diesem Buch Übungen dazu an, dich vom Karma zu trennen. Wenn du dafür noch nicht offen bist, ist es notwendig, dass du dich deiner karmischen Vergangenheit zuwendest, Schmerz, Leiden und emotionale Traumata, die sich negativ auf dein Leben und deine Gesundheit auswirken, aufzuspüren und zu korrigieren. Hierzu ist es oft notwendig, zu lernen, loszulassen und zu vergeben.

Programme für vorzeitigen Tod aus dem System entfernen

Diese Programme sind im Unterbewusstsein abgelegte Vorstellungen davon, dass du in einem bestimmten Alter oder an bestimmten Krankheiten oder Ereignissen sterben wirst. Diese hast du in frühem Alter angenommen und in deinem Gehirn gespeichert.

Als ich 2 Jahre alt war, ist meine Urgroßmutter an Krebs gestorben, als ich 14 Jahre alt war, ist mein Urgroßvater an Krebs gestorben. Ich weiß noch ganz genau, wie meine Oma zu mir sagte: »In unserer Familie sterben alle an Krebs.« Das hat sich so in meinem System verankert, dass ich mit 24 selbst an Krebs erkrankte. Doch heute, 16 Jahre später, bin ich gesünder als je zuvor. Ich habe dieses Programm, Gott sei Dank, rechtzeitig umkehren können. Meine Oma starb auch noch an Krebs.

Durch eine spezielle Methode und das Verändern der Glaubenssysteme können diese alten Bilder aufgefunden und entfernt werden.

Sabotagemuster erkennen

Es gibt jede Menge Sabotagemuster in uns. Das sind vor allem die ganzen positiven Assoziationen, die wir mit Krankheit, Leiden, Dicksein, Armut und Erfolglosigkeit verbinden. Ebenso gibt es die umgekehrten Versionen, die negativen Assoziationen zu Gesundheit, Glück, Schlank- und Schönheit, Reichtum und Erfolg. Diese Muster sabotieren ständig alle Heilungs- und Transformationsprozesse. Es ist wesentlich, sie zu erkennen und umzuwandeln, denn eine positive Assoziation in deinem Unterbewusstsein damit, krank zu sein, erschwert Heilung und Gesundheit. Eine negative Assoziation damit, Erfolg zu haben, trägt nicht dazu bei, dass du in irgendetwas richtig erfolgreich bist.

Die Reprogrammierung des autonomen Nervensystems

Indem du dein autonomes Nervensystem auf Gesundheit und darauf programmierst, wachsam zu bleiben, ermöglichst du deinem Körper, schneller zu reagieren, wenn irgendetwas falsch läuft. Das Feedbacksystem des Nervensystems ist komplexer und mächtiger als jeder Computer. Aber es kann, wie ein richtiger Computer, Programmierfehler enthalten oder von allen möglichen destruktiven »Viren« befallen sein. Dadurch erschaffst du dir dann »automatisch« ein Leben voller Krankheit, Stress und Leiden und erholst dich viel langsamer von Krankheiten. Dein Körper ist anfälliger für Schmerzen und Entzündungen. Deswegen muss dein Gehirn darauf programmiert werden, Gesundheit und Vitalität aufrechtzuerhalten. Die momentan vielleicht vorhandenden synaptischen Komplexe müssen durch solche ersetzt werden, die Heilung fördern. Auch das autonome Nervensystem benötigt eine Einstellung auf fortlaufende Wachsamkeit, um sich immer wieder selbst zu korrigieren. Dadurch wird deine Erinnerungsfähigkeit verbessert und du erlangst die Herrschaft über deinen Körper.

DNS-Reprogrammierung

Mit einer speziellen Methode kannst du die Chromosomen aufspüren, die zu Krankheit und frühzeitigem Altern beitragen, und diese korrigieren. Gleichzeitig kannst du die Gene aktivieren, die Gesundheit, Glück und Wohlbefinden auslösen. Wahrscheinlich bist du dir gar nicht bewusst, dass du in der Lage bist, deine DNS auf Glück, Verjüngung, Vitalität und Energie zu programmieren. Du kannst sie von allen negativen Faktoren deiner Ahnen befreien. Du hast die Kraft, mit früheren Generationen zu brechen und allen krankheitsverursachenden Verbindungen, dem Bedürfnis, zu leiden, und negativen Überzeugungen ein Ende zu bereiten. Entgegen dem kollektiven Glauben müssen Lernprozesse, spirituelles Wachstum und das Leben im Allgemeinen nicht schmerzvoll oder schwierig sein. Wenn du die Macht über deine DNS selbst übernimmst, stehst du ganz neuen Möglichkeiten gegenüber. Das reine Gefühl steht in ganz enger Verbindung mit der Fähigkeit, deiner DNS Botschaften, Anweisungen und Befehle zu erteilen.

Als mir meine geistigen Führer, die Meister der 12. Dimension, all das Wissen über die »kristalline Matrix« und die Aktivierung der kristallinen Struktur übermittelt haben, wurde mir bewusst, welcher Zusammenhang zwischen dieser roten kristallinen Struktur und dem Erwachen der göttlichen DNS in den Menschen besteht. Doch dazu später mehr.

Dysfunktionale synaptische Komplexe entfernen

Dysfunktionale synaptische Komplexe sind die Verbindungen zwischen Nervenzellen, die eine bestimmte Gewohnheit unterstützen, die du eigentlich verändern willst. Bist du vielleicht Raucher und möchtest damit aufhören? Wenn eine Person viele Jahre geraucht hat, dann hat sie kraftvolle Nervenverbindungen erschaffen, sogenannte Synapsen, die es ihr sehr schwer machen, mit dieser Gewohnheit zu brechen. In einem speziellen Training, in dem ich Menschen helfe, für immer zum glücklichen Nichtraucher zu werden,

werden diese dysfunktionalen Synapsen durch eine speziell entwickelte Methode entfernt und durch neue ersetzt, die einem neuen, gesunden Lebensstil entsprechen und diesen unterstützen.

Wenn du nun motiviert bist, mit einem Punkt von dieser Liste anzufangen, kannst du dies mit den Übungen in diesem Buch oder einer der CDs mit geführten Meditationen tun, die ich zu den verschiedenen Themen veröffentlicht habe. Schaue doch in meinen Webshop auf www.behealed.de vorbei!

Die kristalline Matrixwelle

Als ich auf einem Workshop über Engel war, zu dem eine Gruppe von Menschen zusammengekommen war, um sich durch geführte und gechannelte Meditation in das Quantenfeld der Engel führen zu lassen, geschah etwas Wunderbares. Ich lag also auf meiner Yogamatte und genoss mit 120 anderen Menschen eine Meditation nach der anderen. Das Seminar fand in Holland statt, aber zu dieser Zeit verstand ich kaum ein Wort Holländisch. Ich konnte daher nichts von den Worten und Inhalten erfassen, sondern mich nur in das reine Gefühl der Engelsenergie »einklinken«. Das war eine fantastische Erfahrung, denn der Verstand hatte quasi nichts zu tun. Ich konnte mich einfach fallen lassen und intensiv wahrnehmen, was da geschah. Es dauerte keine halbe Stunde, und ich hatte eine absolut klare Verbindung in das allumfassende Wissensfeld. Mein Schreibblock war innerhalb von einer Stunde voll mit Informationen über eine neue Ausbildungsreihe, die ich Menschen anbieten konnte. Und da standen nicht zaghafte Informationen, die erst noch zu einem Ganzen gemacht werden mussten, nein, es stand ein ausgereiftes Konzept mit allen Inhalten auf dem Papier, die ich benötigen würde, um ein zweitägiges Seminar anzubieten: klare Zeichnungen und Methoden, Inhalte und eine Art von Technik, mit der Menschen auf einfache Weise Energie auf andere Menschen übertragen können. Sie würden in der Lage sein, sich in Sekundenschnelle in ein energetisches Feld einzuklinken, um diese Energie dann direkt weitergeben zu können. Ich sah in meinem Inneren ein klares und deutliches Bild davon, wie ein Mensch einen anderen mit den Fingern berührte und dadurch einen Energiekreislauf herstellte. Der andere Mensch, der die Berührung und den Energiefluss erlebte, konnte sich nicht mehr auf den Beinen halten, weil die Energie, die dabei übertragen wurde, eine solch enorme Wirkung hatte, dass eine sofortige physische Transformation geschah. Sein Energiesystem würde sofort neu ausgerichtet, die göttliche Ordnung wiederhergestellt sein. Blockaden und Sabotagemuster lösten sich in Sekunden auf. Das Einzige, was ich in diesem Moment empfand, war tiefer Frieden, Dankbarkeit und absolute Liebe und Verbundenheit. Doch wo kam diese Energie her?

Als ich wieder zu Hause war, hielt ich, wie ich das oft tue, eine Art von innerem Dialog mit meinen Guides, den Meisterinnen und Meistern der 12. Dimension, die mich bereits seit vielen Monaten begleiteten und wie eine Art »Geschwister in der geistigen Welt« zu mir sprachen. Sie geben mir alltägliche Hinweise, führen mich durch meine Meditationen, und sie waren auch diejenigen, durch die nun alles begann: Die kristalline Matrixwelle war geboren. Ich machte mich also daran, das Ganze zu Papier zu bringen und die Ideen auszuarbeiten, sodass sie zu einem auch für andere Menschen nachvollziehbaren und anwendbaren Konzept wurden. Ich begann auch, während meiner Meditationsabende diese kristalline Matrixwelle zu übertragen, indem ich die Menschen mit drei Fingern an der Stirn berührte, während ich mich im Geiste mit den Meistern der 12. Dimension verband. Zuerst war ich natürlich selbst noch nicht so sicher, ob das, was ich da tat, auch wirklich eine Wirkung zeigen würde. Während ich die Person berührte, dachte und sah ich nur z. B. das Potenzial von Heilung oder von Ausbalancierung, das ich ihr als eine Art von »Codierung« übergab. Ich sah, wie derjenige der 12 Meister, der für Heilung »verantwortlich« ist, bei mir stand und diesen Menschen berührte. Ich selbst war quasi aus dem Spiel, und obwohl ich selbst die Finger auf die Stirn dieser Person gelegt hatte, war ich nur eine Randfigur. Ein eigenartiges Gefühl war das schon. Doch die Menschen fühlten alle etwas. Menschen kamen danach zu mir und berichteten von den sagenhaftesten Geschichten. Das gab mir natürlich Sicherheit, und von Mal zu Mal wurden die Übertragungen der kristallinen Matrixwelle intensiver und kraftvoller.

Wir kennen aus der Quantenphysik viele Phänomene von morphogenetischen Bewusstseinsfeldern, und eines der bekanntesten ist wohl das von den Affen und den Kartoffeln. Ich möchte dieses Phänomen hier kurz erzählen, denn es erklärt, warum viele Menschen gleichzeitig dasselbe, jeder auf seine Art und Weise, denken und entwickeln. Ich spreche hier von drei Menschen, die in etwa zur gleichen Zeit dieselbe Technik ausgearbeitet haben. Wenn du dieses Buch hier liest, dann kennst du wahrscheinlich auch die Bücher von Frank Kinslow und James Bartlett. Erst lange nachdem ich begonnen hatte, die kristalline Matrixwelle an andere Menschen weiterzugeben, habe ich von diesen beiden »Kollegen« erfahren. Je mehr ich mich dann mit deren Arbeit beschäftigte, umso mehr Parallelen wurden mir deutlich. Es war wohl an der Zeit, dass diese Technik auf die Erde kommt.

Bewusstsein in der physikalischen Welt

Wissenschaftler haben bereits in den Fünfzigerjahren begonnen, sich mit dem Phänomen der morphogenetischen Bewusstseinsfelder zu beschäftigen. Für ein Experiment mit einer japanischen Affenart legten die Wissenschaftler auf einer Insel Süßkartoffeln in den Sand. Die Affen liebten den Geschmack der rohen Süßkartoffeln, doch sie empfanden den Sand, der an diesen klebte, unangenehm. Ein 18 Monate altes Affenweibchen fand heraus, dass sie das Problem lösen konnte, indem sie die Kartoffel im nahe gelegenen Fluss reinigte. Sie zeigte diesen Trick ihrer Mutter. Auch ihre Spielgefährten lernten die neue Methode und zeigten sie wiederum ihren Müttern. Die Wissenschaftler konnten also beobachten, wie diese kulturelle Innovation zunehmend von anderen Affen übernommen wurde. In den darauffolgenden Jahren lernten dann alle jungen Affen, die sandigen Süßkartoffeln zu waschen, um sie schmackhafter zu machen. Doch nur diejenigen Erwachsenen, die ihre Kinder nachahmten, lernten den sozialen Fortschritt auch kennen. Die anderen Erwachsenen aßen weiterhin dreckige Kartoffeln.

Dann geschah etwas Überraschendes. Es wuschen bereits eine bestimmte Anzahl Affen die Kartoffeln – wie viele genau ist unbekannt. Nehmen wir einmal an, dass es eines Tages bei Sonnenaufgang 99 Affen auf dieser Insel gab, die ihre Süßkartoffeln wuschen. Nehmen wir weiter an, dass im Verlauf dieses Morgens der 100. Affe lernte, seine Kartoffeln zu waschen. Und so geschah es! Am selben Abend begannen praktisch alle in der Sippe, ihre Süßkartoffeln vor dem Verzehr zu waschen. Die hinzugekommene Energie des 100. Affen hatte irgendwie einen ideologischen Durchbruch erzeugt.

Doch das Überraschendste für die Wissenschaftler war, dass die »Mode«, Süßkartoffeln zu waschen, über das Meer sprang. Affenkolonien auf anderen Inseln und auf dem japanischen Festland begannen ebenfalls, ihre Süßkartoffeln zu waschen. Wenn eine kritische Anzahl ein bestimmtes Bewusstsein entwickelt, kann dieses neue Bewusstsein von Geist zu Geist kommuniziert werden.

Wenn auch die genaue Anzahl verschieden sein kann – das 100.-Affe-Phänomen bedeutet, dass das Erkennen eines neuen Weges durch eine kleine Anzahl von Menschen auf deren Bewusstseinsfeld begrenzt bleiben kann. Es gibt aber den Punkt, an dem ein Einzelner, der hinzukommt, den nötigen Unterschied ausmacht, damit das Informationsfeld auf andere überspringt. Irgendwann ist die kritische Masse überschritten, und neue Wege und Erkenntnisse gelten für alle.

Das Gedächtnis des Universums – die morphogenetischen Bewusstseinsfelder

D ie Hypothese der morphogenetischen Felder geht davon aus, dass das Universum ein Gedächtnis besitzt. Alle natürlichen Systeme, ob es nun Tiere, Pflanzen oder Menschen sind, übernehmen demnach von allen früheren Exemplaren ihrer Art, wann und wo diese auch immer existiert haben, eine kollektive Erinnerung.

Eine junge Möwe beispielsweise wird sich bei der Futtersuche, beim Putzen, beim Fliegen und beim Nisten so verhalten, wie es für Möwen typisch ist. Sie wird laut schreiend auf andere losgehen, sollte sie nur ein Bröckchen Essen erspähen. Die Möwe nimmt die Verhaltensweisen ihrer Art auf, sie orientiert sich an der kollektiven Erinnerung ihrer Art und wird davon geformt. Da die Erinnerung jedoch nicht nur kollektiv, sondern auch kumulativ ist, können neue Fertigkeiten leichter erlernt werden, je mehr Individuen bereits damit vertraut sind.

Englische Wissenschaftler stellten fest, dass Blaumeisen in London nach einigen Jahren gelernt hatten, die Metallfolien von Milchflaschen zu öffnen.

Kurze Zeit darauf lernten Blaumeisen in ganz England diese neue Technik in wesentlich schnellerer Zeit – und das, obwohl Blaumeisen keinen derart großen Flugradius haben, dass sie es den anderen hätten vorführen können. Bei morphogenetischen Feldern handelt es sich um nichtmaterielle Kraftzonen, die sich im Raum ausbreiten und in der Zeit andauern. Je mehr Menschen sich also für das reine Gefühl und die Wunder, die daraus resultieren, öffnen werden, desto offener und »normaler« wird es für alle werden. Wenn du das Quantenbewusstsein entwickelst und die universelle Heilenergie begreifst, sorgst du also nicht nur dafür, dass du dich als Individuum weiterentwickelst, sondern kannst der ganzen Menschheit dabei helfen, in die neue Bewusstheit zu gelangen. Du könntest die 100. Person sein!

Ein indischer Guru hat berechnet, dass es eine bestimmte Anzahl von erleuchteten Menschen geben müsse, damit die Menschheit 2012 in das Goldene Zeitalter übergehen kann. Daher ist 2012 für uns nicht einfach ein Datum, sondern eine Art Zeitfenster und Knotenpunkt in der Evolution des Menschen, der das Geschick der Menschheit bestimmt. Ich sehe 2012 ganz und gar nicht als einen Endpunkt, als ein fixes Datum im Kalender der Erde mit endgültigem Ausgang, sondern vielmehr als ein Phänomen, das ganz persönlich erlebt werden kann – einzigartig für jedes Individuum. Du bist eingeladen, an dir zu arbeiten, um dieses Phänomen vorzubereiten und bewussten Gebrauch von den einzigartigen Konstellationen zu machen, die zu diesem Zeitpunkt eintreten werden. Du kannst den Quantensprung zu einer weltweiten Transformation und Evolution auslösen.

Du lernst in diesem Buch, dein Bewusstsein auf eine höhere Ebene von Frieden und Liebe anzuheben. Die kristalline Matrix ist nur eine von vielen Möglichkeiten dazu. Entscheidend ist nicht das Glaubenssystem oder die Methode, sondern der Enthusiasmus und die Absicht von vielen, die wirklich eine bessere Welt erschaffen möchten.

Später wirst du erfahren, wie die Arbeit mit der kristallinen Kraft funktioniert und was konkret du tun kannst, um sie zu erfahren. Denn je mehr Menschen sich dafür öffnen, sich mit den unsichtbaren, nicht erklärbaren Quantenfeldern zu beschäftigen und etwas dafür tun, dass ein neues Bewusstsein entsteht, desto mehr können wir uns alle auf dieses Leben voller Wunder freuen. Doch bevor wir deine »Festplatte« neu beschreiben können, müssen wir uns noch kurz anschauen, was du vorher »löschen« kannst, um mehr Raum für Neue Bewusstheit in deinem Energiefeld zu haben, sodass die neue »Software« schneller und sicherer läuft. Komm, machen wir uns auf den Weg!

Die unterbewussten Muster transformieren

Für die später folgende, sehr kraftvolle und transformierende Übung benötigst du einen Menschen, dem du vollkommen vertrauen kannst. Denn du wirst dieser Person die Möglichkeit geben, tief in dein Unterbewusstsein einzudringen, um dort die ganzen Schalter umzulegen. Eigentlich gibt es viel zu viele Muster in uns, die uns vom reinen Gefühl immer wieder wegführen wollen. Sich für ein reines Gefühl zu öffnen, bedeutet, absolutes Vertrauen in das Leben zu entwickeln und das Herz ganz zu öffnen. Doch das Herz zu öffnen, tut manchmal sehr weh, und das Unterbewusstsein will uns natürlich jederzeit davor beschützen, dass wir verletzt werden. Ein scheinbar ewiger Kreislauf, den wir jedoch durchbrechen können. Und dazu möchte ich dir jetzt ein paar Ideen geben. Das Prinzip dieser Übung ist folgendes: Stelle dir das Unterbewusstsein wie einen Eisberg vor.

Ein kleiner Teil eines Eisberges ist über dem Wasser sichtbar, der größere Teil liegt unterhalb der Wasseroberfläche und ist für uns unsichtbar. Genau

Bewusstsein & Verstand

»Handlungen – Wünsche – Träume«

Fokus
Aufmerksamkeit
Willenskraft

----------- kritische Schicht ---------

Gewohnheiten
Glaubenssystem
selbsterfüllende Prophezeiungen
Selbstbild/Selbstwert/Selbstachtung
konditionierte Werte
Emotionen und Grundbedürfnisse
geerbte DNS-Informationen
Seelenerinnerungen
Traumata
ungelöste Konflikte

Reaktionen
Sabotage
Widerstand
Disharmonie
Komfortzone & Status quo aufrechterhalten
Gefahr, Veränderung, Konfrontation & Konflikte vermeiden

Unterbewusstsein

so verhält es sich auch mit deinem bewussten und unbewussten Geist. Der größte Teil ist unsichtbar, und das sind immerhin 85 % oder mehr. Durch diese Metapher mit dem Wasser lässt sich auch sehr gut darstellen, welche Funktion unser analytischer Verstand dabei hat. Die Wasseroberfläche hat eine hohe Spannkraft und ist daher schwer zu durchdringen. Genau so ist es für unseren Verstand schwer, diese kritische Schicht unseres Geistes »abzuschalten« oder zu umgehen. Wenn wir also in die Tiefen des Unterbewusstseins vordringen wollen, benötigen wir eine Methode, die diese kritische Schicht zwischen Bewusstsein und Unterbewusstsein umgehen kann. Es ist fast so, als wollten wir einen Bypass legen, über den wir aus dem bewussten Geist direkt in den unterbewussten Teil vordringen können. Dazu dient diese Übung.

Du kannst dir auch vorstellen, dass dein Unterbewusstsein von einem sehr gut ausgebildeten Security-Team bewacht wird. Um an diesen Wächtern vorbeizukommen, gibst du ihnen am besten ein Schlafmittel, sodass sie gar nicht mehr in der Lage sind, irgendetwas zu tun. Und weil dann jeglicher »Sicherheitsmechanismus« für einige Zeit schläft, ist es so wichtig, dass du diese Übung gemeinsam mit einer Person durchführst, der du vollkommen vertrauen kannst. An sich kann diese Person nichts falsch machen, denn das Einzige, was sie können sollte, ist, einen Text vorzulesen, der genau die Informationen enthält, die dein Unterbewusstsein benötigt, um die ganzen unbrauchbaren Muster in etwas Neues zu verwandeln, in etwas bewusst Gewolltes. Lies das Textskript einmal im Wachbewusstsein für dich, um dann zu entscheiden, ob die Übung gut für dich ist. Sie soll erreichen, dass du dich öffnen kannst und die neuen Informationen in deinem Unterbewusstsein dich dann dazu bringen, immer tiefer in dieses reine Gefühl zu gelangen.

Doch zuerst sollst du prinzipiell verstehen, wie unser Unterbewusstsein funktioniert und was es bedeutet, dass du es mit dieser Übung verwandeln kannst. Stelle dir noch einmal den Eisberg vor, wie er im Wasser schwimmt.

Der Eisberg symbolisiert deinen inneren Geist und im Ganzen natürlich auch dich selbst. Wenn du nun eine bestimmte Veränderung in deinem Leben erreichen möchtest und auf bewusster Ebene eine Entscheidung dazu getroffen hast, ist deine Willenskraft ausreichend motiviert, und du machst alles, um dir diesen Wunsch zu erfüllen. Du hast bestimmt auch schon viel ausprobiert, bist aber vielleicht immer wieder gescheitert. Vielleicht hast du sogar schon mal resigniert und es als etwas scheinbar Unerreichbares etikettiert. Oder es geht immer nur ein kleines Stück voran, und dann kommt der Rückschlag. Irgendetwas stellt sich dir in den Weg. Dann darfst du auf keinen Fall aufgeben und glauben, dass es nicht funktionieren kann.

Gehen wir zurück zum Eisberg. Nehmen wir an, dass du das Ziel hast, Gewicht zu verlieren. Du bist mit deinem Körper nicht zufrieden und möchtest diese Veränderung. Der Eisberg, der dich repräsentiert, muss also in seiner »Position« verändert werden. Du fängst an, verschiedene Dinge in deinem Leben bewusst zu verändern, gehst ins Fitnessstudio, holst dir eine Wunderpille, machst eine Diät nach der anderen und freust dich über jede 100 g, die deine Waage weniger anzeigt. Ein paar Monate lang geht es gut voran. Dann kommt der Urlaub in einem schönen Ressort, das All-you-can-eat-Buffet lockt, und schon ist es vorbei. Frustriert stellst du fest, dass all die Anstrengung nichts gebracht hat und du wieder bei deinem alten Gewicht oder sogar noch etwas darüber bist. Wenn du dir jetzt den Eisberg bildlich vorstellst, dann wirst du sehen, dass deine bewusste Anstrengung, ihn nach links in eine neue Position (also hin zu deinem »Wunschgewicht«) zu bewegen, erst ganz gut funktioniert hat. Doch nun ist er noch weiter rechts als zuvor. Und das, obwohl du deine ganze bewusste Willenskraft dafür eingesetzt hast, den Eisberg zu bewegen! Erinnere dich aber daran, dass nur ca. 15–20 % des Eisberges zu sehen sind. Es ist so, als ob du den Wind etwas stärker hast pusten lassen, der oberhalb der Wasseroberfläche weht. Der Eisberg hat seine ursprüngliche Position verlassen, und solange du die Kraft hattest und aufmerksam warst, war das auch vollkommen ausreichend, der Wind war stärker als die Strömung in der Tiefe des Wassers. Doch wie lange kann ein Mensch diese Kraft aufrechterhalten? Was passiert, wenn der erste Augenblick von Unachtsamkeit kommt oder die Kraft zur Neige geht, der Wind nachlässt? Die Strömung zieht dann den Eisberg mit seiner ganzen Macht und Kraft zurück und scheint nicht mehr zu stoppen zu sein. Wie ist es dann überhaupt möglich, Veränderungen zu erzielen?

Du musst erreichen, dass die Strömung und der Wind in die gleiche Richtung gehen. Dein Unterbewusstsein muss also vollkommen auf das ausgerichtet sein, was du auf bewusster Ebene erlangen möchtest. Wie schaffst du es, die Strömung zu verändern und somit deinem unterbewussten Geist die Möglichkeit zu geben, sich für die andere Richtung zu öffnen?

Schauen wir uns erst einmal genauer an, welche unterbewussten Informationen gut versteckt im unteren Teil des Eisbergs liegen, von denen wir oftmals gar nicht wissen, dass sie überhaupt existieren, geschweige denn, wie sie da hingekommen sind:

- deine angelernten Gewohnheiten
- all die emotionalen Grundbedürfnisse
- viele Glaubenssätze über dich
- Zellerinnerungen und Ahnenerinnerungen
- Seelenerinnerungen
- Traumata und ungelöste Konflikte
- Ängste

All diese Informationen geben deinem Verstand ständig Signale, aufgrund derer du deine Handlungen ausführst, emotional wirst, verletzt bist und dein Leben führst. Du willst dich nun für das reine Gefühl öffnen. Dazu musst du deine gewohnheitsmäßige Schwingung auf eine neue Ebene lenken. Deswegen ist es notwendig, einmal genauer hinzusehen, was in deinem Unterbewusstsein alles lebendig ist, und dein inneres Selbstbild zu verändern. Hast du diese neue Bewusstheit erlangt, verändern sich die Dinge meist von allein, denn es ist dann nur noch eine Entscheidung, die du treffen musst – die Entscheidung zur Veränderung. Veränderung ist jedoch etwas, was dein Unterbewusstsein überhaupt nicht mag, denn es bringt damit Gefahr, Konfrontation, Konflikte und Disharmonie in Verbindung. Gegen diese Situationen wehren wir uns schon immer. Sie finden nämlich nicht innerhalb unserer Komfortzone statt. Unbewusst tun wir alles, um in unserer Komfortzone bleiben zu können, das ist ganz normal und vollkommen natürlich. Bevor wir also zu dieser sehr kraftvollen Übung kommen, schauen wir uns ein paar dieser Konditionierungen unseres Unterbewusstseins etwas genauer an.

Die angelernten Gewohnheiten

Unser Unterbewusstsein sammelt im Laufe des Lebens Erfahrungen und speichert diese als Wahrheit ab. Immer wenn du an einen Punkt in deinem Leben kommst, an dem du nicht weiterkommst, solltest du als erstes hier hinsehen. Welcher Autopilot läuft da, ohne dass du dir dessen bewusst bist?

Ein kurzes Beispiel: Ich ernähre mich seit einiger Zeit am liebsten von Rohkost, weil ich daraus eine ganz besondere Vitalität erhalte. So ist es nicht ungewöhnlich, dass das Frühstück aus einem frisch zubereiteten Smoothie aus viel Spinat oder anderen grünen Blattgemüsen und Früchten besteht. Kürzlich waren meine Kinder bei mir zu Besuch, und ihnen schmeckte unser »gesundes Frühstück« sehr. Doch nach einer halben Stunde fragte mich mein Sohn, wann es denn endlich Frühstück gebe. Sein Unterbewusstsein hatte ihm noch nicht die Information gegeben, dass dieser Teil des Tages erledigt war, denn in ihm ist eine andere Gewohnheit konditioniert: Brot, Butter und Honig geben ihm das richtige Signal. Raucher müssen ihre Zigarette anstecken, weil sie das bereits zigtausend Mal zuvor getan haben. Auch dies ist eine konditionierte Gewohnheit. Kinder können nicht ohne Mama oder Papa neben sich einschlafen, wenn sie als Baby im Bett der Erwachsenen geschlafen haben. Dies sind alles Gewohnheitsmuster, derer wir uns nicht so bewusst sind, dass wir sie immer als Lösung für unsere Herausforderungen parat hätten. Nicht die Sucht nach Nikotin macht das Aufhören mit dem Rauchen so schwierig, sondern die Gewohnheit zu rauchen. Nicht die Diät bringt unseren Körper dazu, Gewicht zu verlieren, sondern das Verändern der Gewohnheit, morgens, mittags, nachmittags und abends zu essen statt dann, wenn wir Hunger haben.

Die emotionalen Grundbedürfnisse

Diese emotionalen Bedürfnisse nenne ich Grundbedürfnisse, weil sie in fast jedem Menschen schlummern. Jeder von uns hat auf irgendeine Weise das Bedürfnis nach emotionaler Befriedigung, und dies ist ganz normal. In den letzten Jahren habe ich mich persönlich viel mit meinem emotionalem Wachstum auseinandergesetzt und gemerkt, dass diese Bedürfnisse einen großen Einfluss auf unser Miteinander haben. Die meisten Beziehungen können deswegen nicht frei sein und dauerhaft funktionieren, weil Menschen sich stark in dieser Bedürftigkeit befinden und der »innere Richter« immer wieder einschreitet, sobald wir mit einem der emotionalen Grundbedürfnisse konfrontiert werden, und uns zu einem ferngesteuerten Roboter werden lässt, der all seine Liebenswürdigkeit vergisst und vollkommen aus seinem Gleichgewicht gerät. Und das hat nur einen Grund: Wir lehnen uns auf irgendeine Weise selbst ab.

Wir alle haben diesen inneren Richter in uns, und jeder nimmt ihn auf eine andere Weise wahr. Manche nennen ihn den »kleinen Mann im Ohr«, andere hören ihn als innere Stimme. Natürlich hat dieser innere Richter einen Ursprung, und natürlich spricht diese Stimme nie aus einer eigenen Intelligenz heraus. Sein Ursprung ist der analytische Teil unseres Unterbewusstseins. Immer wieder sucht er sich für Erlebnisse einen Referenzpunkt in der Vergangenheit. Findet er eine Information dazu aus der Vergangenheit, bewertet er dieses Erlebnis genau wie das damalige. Seine Aufgabe ist es, alles dafür zu tun, zu überleben, deswegen wird dieser innere Richter immer das letzte Wort haben. Diese erfüllt er entsprechend der Konditionierung, die wir haben, und das ist der Grund, aus dem es so essenziell ist, die unterbewussten Programme zu verändern und an ihnen zu »arbeiten«. Dann kannst du in dieses reine Gefühl kommen und im Quantenbewusstsein eines freien und nicht von Vorurteilen behafteten Geistes leben.

Schauen wir uns beispielsweise deine Kindheit an. Du wurdest von deinen Eltern (oder anderen Menschen) auf das Überleben konditioniert. Sie haben dich gelehrt, welches Verhalten ihrer Meinung nach falsch, schlecht, gefährlich, lästig, welches liebenswert, akzeptabel und gut ist. Dabei hat jeder Mensch andere Werte. Und die Kinder übernehmen diese Werte, andere Kinder lernen andere Werte. Das merkt man, wenn man Kindern dabei zuhört, wie sie mit ihren Freunden diskutieren. Sie sind fest von ihrer Meinung überzeugt, obwohl sie noch keine eigenen Erfahrungen gemacht haben. Wenn Kinder nicht gemäß den Erwartungen ihrer Eltern leben, werden sie auf die eine oder andere Weise bestraft. Jeder von uns hat emotionale Reste aus dieser Erziehung. Das sind bewusste und auch unterbewusste Erinnerungen an Augenblicke, Situationen und Ereignisse, in denen wir uns schlecht oder abgelehnt gefühlt haben. Wenn wir oft diszipliniert oder in unserem Verhalten korrigiert wurden, haben wir schließlich die Überzeugung entwickelt, dass wir mit vielen Makeln behaftet seien, und manche Menschen glauben sogar, dass sie hoffnungslose Fälle und böse seien. Das rührt von den vielen, aber meist unvermeidbaren subtilen Traumata her, die eine enorme Auswirkung auf unser Selbstwertgefühl haben. Sie schlummern in jedem von uns. Und diese Erfahrungen bilden das Fundament für unseren inneren Richter,

der im Erwachsenenalter quasi unsere Eltern ersetzt und all diese unlieb-
samen Gefühle nährt, die wir mit einem Teil unserer Identität oder unseres
Verhaltens assoziieren. So entsteht dann ein unterbewusstes Programm in
dir, das dich glauben lassen möchte, dass du ein schlechter Mensch bist,
sobald jemand mit dir nicht einer Meinung ist, wegen dir aufgebracht ist
oder dich nicht mag oder du in den Augen eines deiner Lieben einen Fehler
gemacht hast oder eine Aufgabe nicht richtig erfüllt hast. Der innere Richter bestätigt in diesem Moment deine »negative Glaubensüberzeugung« und
handelt nach ihr – du lehnst dich ab! Es gibt einige Hauptfaktoren, die bewirken, dass du dich ablehnst. Je klarer dir das wird, desto intensiver wird
auch die Übung für dich sein können.
Wichtig ist an dieser Stelle, dass du einen Unterschied zwischen deiner
Identität und deinem Verhalten machst. Deine Eltern haben dies möglicherweise nicht getan. Meistens lernen wir es nämlich nicht, den wichtigen
Unterschied zwischen dem, was wir tun, unserem Verhalten, und dem, wie
wir sind, unserer Identität, zu machen. Wenn unsere Eltern dieses Wissen
gehabt hätten, wäre uns viel erspart geblieben. Jedenfalls werden wir es
bei unseren Kindern anders machen. Wir müssen bei unseren Kindern immer
unsere Liebe für ihre Identität zum Ausdruck bringen und sie darin bestär-
ken, dass sie so, wie sie sind, gut sind. Was wir missbilligen und verändern
können, dürfen, sollen ist ihr Verhalten. Bedauerlicherweise unterscheiden
die meisten Eltern dies nicht. Nicht, weil sie es nicht könnten, sondern, weil
sie es nicht gelernt haben. Es ist geht hier absolut nicht darum, unsere Eltern zu verurteilen. Es geht allein um das Bewusstsein und die Einsicht, dass
weil unsere Eltern diesen Unterschied nicht gemacht haben, wir im späteren
Leben diesen inneren Richter haben, der sowohl unsere Identität als auch
unser Verhalten kritisiert und uns ständig sagt, dass wir Versager sind.
Natürlich gibt es weitere Faktoren dafür: Laut einer Studie hat ein Jugend-
licher mit 16 Jahren bereits ungefähr 180.000 Mal gehört, worin er nicht

gut ist, was er nicht tun sollte, warum er etwas nicht verdient hat, wie schlecht er sich benimmt und viele andere negative Botschaften. Man kann sich vorstellen, wie das den inneren Richter nährt. Wenn wir ständig gesagt bekommen, dass wir in irgendwas nicht gut seien, können wir gar nicht mehr anders, als zu glauben, dass wir es sowieso nicht schaffen. Ich selbst hatte bis vor einigen Jahren noch die starke Überzeugung in mir, ein Versager zu sein. Ich bin sehr dankbar dafür, dass ich im Laufe meines Lebens vielen wunderbaren Lehrern begegnen durfte, die mir etwas anderes erzählt haben. Im Laufe der Zeit habe ich in meinem Gehirn neue Synapsen erschaffen, die immer mehr zu wirken begannen. Das ist eine wundervolle Möglichkeit, nicht nur deine Software (die Konditionierungen), sondern auch die Hardware (die Synapsen) zu verändern. Wie das genau funktioniert, werde ich im nächsten Kapitel noch kurz erklären.

Dies sind also die Ursachen dafür, dass wir uns ablehnen und selbst unsere schlimmsten Feinden und Kritiker werden. Es sind auch die Ursachen dafür, dass viele Menschen auf einer bestimmten Ebene Ihres Bewusstseins stecken bleiben, egal wie sehr sie an ihrer Selbstentwicklung arbeiten. Deswegen ist es für viele Menschen auch so schwierig, das reine Gefühl auf Dauer zu halten. Wahrscheinlich kennst du das selbst: du gehst auf ein Seminar und tauchst an einem Wochenende tief in ein reines Gefühl von Frieden, Glückseligkeit und Liebe ein. Du kommst nach Hause und beginnst deine neue Woche mit all diesen neuen Einsichten und bist fest davon überzeugt, dass sich nun alles ändern kann. Ja, du hast recht, das kann es! Doch dann kommt das Erwachen. Zwei Wochen später ist wieder alles beim Alten, und die Frustration, dass es wieder nicht geklappt hat, wächst und wächst. Gib nicht auf! Es gibt eine Lösung, und diese ist in deinem Unterbewusstsein zu finden. Arbeite daran und du wirst merken, dass sich etwas verändert, und das tatsächlich bleibend ist. Wenn du alle Übungen in diesem Buch gemacht hast, wirst du viel davon transformiert haben.

Die Grundbedürfnisse sind die inneren emotionalen Bedürfnisse, die sich gegen dich richten und einen inneren Aufruhr verursachen. Du musst dich damit befassen und lernen, damit umzugehen. Wenn du das schaffst, kannst du wirklich die Freiheit deiner Emotionen erlangen, die emotionale Meisterschaft! Du wirst dann vollkommen in deiner Kraft sein, was auch immer du von außen erfährst. Das ist eine unvorstellbare Freiheit. Du wirst keinerlei emotionale Abhängigkeiten mehr haben und dich selbst und andere endlich bedingungslos annehmen und lieben können. Du hast im Laufe deines Lebens gelernt, dass du, um von anderen respektiert oder bewundert oder geliebt zu werden, etwas dafür geben musst. Das kommt daher, dass du dich in einer bestimmten Situation vielleicht nicht ganz fühlst, nicht wert genug oder ihr nicht gewachsen. All diese falschen Erkenntnisse und Einsichten über dich haben dazu geführt, dass du einer Art »emotionalem Analphabetismus« verfallen bist. Wenn du also daran arbeitest, deine emotionalen Grundbedürfnisse zu integrieren und somit eine neue Konditionierung in deinem Unterbewusstsein zu verankern, dann wirst du eine revolutionäre Veränderung in deinem Leben erfahren. Das wird deine Lebensqualität völlig verändern, und du wirst nicht mehr von anderen Menschen abhängig sein, um dich vollkommen glücklich zu fühlen.

Wenn wir über ausreichend Selbstwert verfügen, werden wir ganz andere Herangehensweisen und Strategien haben, als wenn es uns an Selbstwert mangelt. Was macht dich sonst noch zu einem glücklichen Menschen? Du willst dich sicher und frei von Angst fühlen, oder? Du willst dich von anderen akzeptiert, oder besser noch, geliebt fühlen, oder? Du willst dich kompetent fühlen und wissen, dass du »genügend« kannst und weißt und bist, oder? Und du willst in den meisten Situationen voller Selbstwert sein und unabhängig von der Meinung anderer.

In der folgenden Übung zu den Grundbedürfnissen kannst du mit einer tief wirkenden Technik an dir selbst arbeiten, um mit diesen ganzen Lebens- und

Alltagssituationen aus innerer Stärke heraus umzugehen. Du wirst lernen, dich mit Ängsten zu konfrontieren und Lösungen zu finden. Natürlich wird diese Übung eine Auswirkung auf dein Umfeld haben. Vielleicht werden andere Menschen, die dich schon länger kennen, sogar Probleme haben, mit deiner neuen Kraft umzugehen, doch das ist gut so. Denn es geht hier um dich! Und wenn andere dadurch Konflikte in sich entdecken können, dann kannst du Ihnen mit deiner neuen Lebenskompetenz zur Seite stehen und ihnen helfen, damit umzugehen. Du musst kein guter Lehrer sein oder andere von deinen Ideen überzeugen. Wichtig ist, dass du weißt, was du kannst. Du wirst auch lernen zu akzeptieren, dass du nicht in allen Bereichen deines Lebens kompetent sein kannst und auch nicht musst. Doch du kannst lernen, zu erkennen, welche Potenziale in dir schlummern, und auf dein Herz zu hören. Daraus wird dir eine große Kraft erwachsen, deine Herzenswünsche zu erreichen. Wenn du etwas stark genug willst und es weiter verfolgst, kannst du es auch erreichen. Du wirst lernen, zwischenmenschlichen Konflikten gewachsen zu sein, und sie nicht mehr vermeiden wollen. Du wirst akzeptieren, dass du nicht perfekt bist und Fehler machen darfst.* Das Leben ist viel schwerer zu handhaben, wenn du einen geringen Selbstwert hast. Oft gehen Menschen mit Beklemmung und Konflikten um, indem sie alle Situationen meiden, die ein schlechtes Gefühl verursachen. Es kommt ihnen dann paradoxerweise so vor, als ob sie sich besser fühlten – doch dieses gute Gefühl ist sehr oberflächlich und eher eine Flucht als eine Lösung. Damit führst du dich selbst an der Nase herum, und du wirst ein Produkt deines analytischen Unterbewusstseins bleiben. Ist es nicht viel lebenswerter, dich selbst zu leben, dich selbst zu entdecken und das reine Gefühl des Quantenbewusstseins in dein Leben zu holen? Der Einfluss, den deine Gedanken und Gefühle auf deinen energetischen Körper haben, ist riesig. Wo auch immer du bewusst oder unbewusst deine Gedanken hinlenkst, dorthin folgen die Energie

52

---

* Um diesen Glauben in dir zu stärken, findest du auch in meinem ersten Buch *Lebe Neue Bewusstheit* viele kraftvolle Übungen und Einsichten.

und letztlich auch deine Lebenskraft. Wahrscheinlich bist du dir bewusst, dass du durch emotionale Verstrickungen und Bindungen an andere Menschen Energie verlierst. Bist du dir auch bewusst, wie viel Lebensenergie an frühere Ereignisse in deinem Leben gebunden ist? Wie viel Lebensenergie du für Reue über alte Entscheidungen und vergangene Verluste einsetzt? Weißt du, welche immense Energie du für alte Glaubensüberzeugungen aufbringen musst, die nicht einmal deine eigenen Glaubensüberzeugungen sind, sondern die deiner Eltern, die von Bekannten, Freunden oder der Gesellschaft? Wenn Gedanken negative Botschaften, Angst, mangelndes Selbstbewusstsein, Beklemmung, Sorgen und Feindseligkeit beinhalten, dann büßen wir Energie ein oder sie wird im Körper blockiert. Das kann irgendwann zu Beschwerden und Krankheiten führen. Deswegen sollst du lernen, dich wieder mehr auf positive Botschaften und Bilder zu fokussieren. Du baust dann keinen künstlichen Widerstand mehr gegen das auf, was du nicht verändern kannst, sondern kannst all die alten Informationen in deiner Identität und all die Beleidigungen loslassen. Dadurch können die Energien in all den Bereichen wieder fließen, die zuvor blockiert waren, und dein Bewusstsein und dein Körper heilen ganz automatisch. Du kennst das Gesetz: Wohin dein Geist gerichtet ist, dahin fließt deine Energie. Und wogegen du Widerstand leistest, das bleibt bestehen. Wählst du, dich auf Wut, Frustration, mangelnden Selbstwert oder Verlassensein zu fokussieren oder auf Freude, Liebe, Kraft, Gelassenheit, inneren Frieden und Harmonie?

✧ Die 13 »Grundbedürfnisse« transformieren

Wenn du dich beobachten und in einem Moment emotionaler Verletzung innehalten und analysieren würdest, was es konkret ist, was dich in diesen Zustand von Wut, Frustration und das Gefühl, abgelehnt zu werden, bringt, dann würdest du zu dem Ergebnis kommen, dass du in diesem Moment einen Mangel erfährst an: Liebe, Wertschätzung, Anerkennung, Bewunderung, Respekt, Vertrauen, Verständnis, Unterstützung, Akzeptanz, Ermutigung, Bestätigung, Fürsorge und Trost.

Eigentlich ist dein ganzes konditioniertes Wesen darauf konzentriert, zu lieben und geliebt zu werden. Ja, zugegebenermaßen sind das wunderschöne Gefühle. Und weil dieses Gefühl der Liebe dem Gefühl des reinen Bewusstseins am ähnlichsten ist, streben wir permanent danach, es zu erfahren, tagein, tagaus, das ganze Leben lang. Wir wollen geliebt werden, wertgeschätzt werden, anerkannt sein, bewundert werden, respektiert werden, Vertrauen bekommen, verstanden werden, unterstützt werden, akzeptiert werden, ermutigt werden, Bestätigung bekommen, umsorgt werden und getröstet werden. Findest du dich darin wieder? Es ist essenziell, sich bewusst zu werden, dass diese 12 Grundbedürfnisse nichts anderes sind als ein Ersatz für »das eine Grundbedürfnis« – die Liebe.

Stelle dir einmal die folgenden Situationen vor: Du bringst deine ganze Kreativität zum Ausdruck und malst wunderschöne kunstvolle Bilder. Du hast den Mut, diese anderen Menschen in einer Ausstellung zu präsentieren und zu verkaufen. Sagen wir, du möchtest für ein bestimmtes Bild gern 400 Euro bekommen. Doch kein Mensch ist bereit, dir mehr als 50 Euro dafür zu geben. Was fühlst du in diesem Moment? Fühlst du dich in dem Umfang wertgeschätzt, den du erwartet hast? Fühlst du dich vom Leben geliebt? (Liebe = Wertschätzung = Liebe)

Du freust dich seit Monaten auf ein Wochenende mit deinem Partner und hast alles dafür getan, dass es für euch beide zu einer unvergesslichen Zeit wird. Du hast alles organisiert und das Unmögliche möglich gemacht. Doch dein Partner gibt dir keinerlei positives Feedback oder ein Lob für das, was du getan hast. Fühlst du dich und deine Mühen anerkannt? Fühlst du dich vom Leben geliebt? (Liebe = Anerkennung = Liebe)

Du hast eine knifflige Aufgabe zu lösen und weißt nicht mehr weiter. Die Einzige, die du kennst, die dir helfen könnte, ist deine Freundin. Du bittest sie um Hilfe, doch sie hat keine Zeit für dich. Fühlst du dich unterstützt? Fühlst du dich vom Leben geliebt? (Liebe = Unterstützung = Liebe) Jedes Beispiel, das ich dir zu den zwölf Grundbedürfnissen geben könnte, führte zu der Einsicht, dass es letztlich immer darum geht, dass du geliebt werden möchtest und dich, wenn dieses Bedürfnis nicht erfüllt wird, schlecht und vom Leben verlassen fühlst. Es ist nichts falsch daran, zu lieben und geliebt werden zu wollen. Doch die Frage ist: Wie gehst du damit um, wenn das nicht passiert? Ziehst du unterbewusst Schlüsse über dich? Bist du abhängig davon oder frei, deine Liebe auszudrücken und sie anzunehmen, wenn du sie erfährst? Bist du ein Opfer deiner Bedürftigkeit oder ein kraftvoller emotionaler Meister, der sein Leben und die Liebe genießt?

Die folgende Übung wird diesen neuen Glauben über dich und die Liebe in deinem Unterbewusstsein formen. Wir verwenden dafür eine kraftvolle Integrationstechnik, die sogenannte multidimensionale Seins-Intergration (MDSI). Mit ihr verbindest du dein Höheres Bewusstsein, mit dem du über dein Kronenchakra verbunden bist, mit deinem Verstand und dein Gehirn mit deinem Herzen. Über dein Herz stellst du die Verbindung zum allumfassenden Feld der göttlichen Liebe her und tauchst dadurch in die Kraft der Freiheit ein. Während du jetzt die jeweiligen Transfirmationen laut aussprichst, bewegst du deine geöffnete rechte Handfläche erst vor deinem emotionalen Herzen in deiner Brustmitte vor und zurück, ohne deinen Körper dabei zu berühren als ob du Energie zu deinem Herzen hinfächelst. Dies wiederholst du noch 3 bis 4 Mal und gehst dann mit der Hand hoch zu deinem Kronenchakra. Während du die Transfirmation wiederholst, bewegst du deine geöffnete rechte Hand über deinem Kopf auf und ab, ohne deinen Kopf dabei zu berühren als ob du Energie in dein Kronenchakra hineinfächelst. Dann wechselst du zurück zum Herzen und dann wieder zum Kopf, während du die Transfirmation sprichst. Mache die MDSI (die Handbewegung vor Herz und Kronenchakra) so lange, bis du eine Transfirmation 3 bis 4 Mal wiederholt hast, und gehe dann zur nächsten.

Lege dieses Buch jetzt wieder zur Seite, und arbeite dich erst einmal in diese Übung ein. Sie dauert ca. zwei Wochen, denn du kannst dich jeden Tag mit einem anderen Grundbedürfnis auseinandersetzen.

Wertschätzung, Anerkennung, Bewunderung, Respekt, Vertrauen, Verständnis, Unterstützung, Akzeptanz, Ermutigung, Bestätigung, Fürsorge und Trost = Liebe

Transfirmationen für Tag 1 (Wertschätzung)

✧ *Ich bleibe in meiner vollen Kraft, auch wenn ich nicht wertgeschätzt werde.*

✧ *Ich akzeptiere es, nicht wertgeschätzt zu werden.*

✧ *Ich fühle mich ab sofort gut dabei, nicht wertgeschätzt zu werden.*

✧ *Ich bin glücklich, ob ich wertgeschätzt werde oder nicht.*

✧ *Ich bin glücklich, auch wenn ich nicht wertgeschätzt werde.*

✧ *Ich liebe mich, auch wenn ich nicht wertgeschätzt werde.*

✧ *Ich genieße mein Leben, auch wenn ich nicht wertgeschätzt werde.*

✧ *Ich liebe alle Situationen, in denen ich nicht wertgeschätzt werde.*

✧ *Ich kann alle Menschen wertschätzen, die mich nicht wertschätzen.*

✧ *Ich kann _____ (meinen Partner, meinen Chef oder eine andere Person) wertschätzen, auch wenn _____ mich nicht wertschätzt.*

✧ *Es ist mir ganz egal, ob mich _____ wertschätzt oder nicht.*

✧ *Ich bin frei von der Sucht danach, von Menschen wertgeschätzt zu werden.*

✧ *Ich brauche es jetzt nicht mehr, von irgendjemandem wertgeschätzt zu werden.*

✧ *Ich bin frei, ich bin glücklich, ich bin in meiner eigenen Kraft, ich schätze mich in meinem ganzen Wert, ich bin verbunden mit dem Quantenfeld des reinen Bewusstseins.*

Transfirmationen für Tag 2 (Anerkennung)

✧ *Ich bleibe in meiner vollen Kraft, auch wenn ich keine Anerkennung bekomme.*

✧ *Ich akzeptiere es, keine Anerkennung zu bekommen.*

✧ *Ich fühle mich ab sofort gut dabei, keine Anerkennung zu bekommen.*

✧ *Ich bin glücklich, ob ich Anerkennung bekomme oder nicht.*

✧ *Ich bin glücklich, auch wenn ich keine Anerkennung bekomme.*

✧ *Ich liebe mich, auch wenn ich keine Anerkennung bekomme.*

✧ *Ich genieße mein Leben, auch wenn ich keine Anerkennung bekomme.*

✧ *Ich liebe alle Situationen, in denen ich keine Anerkennung bekomme.*

✧ *Ich kann alle Menschen anerkennen, die mich nicht anerkennen.*

✧ *Ich kann _____ (meinen Partner, meinen Chef oder eine andere Person) anerkennen, auch wenn _____ mich nicht anerkennt.*

✧ *Es ist mir ganz egal, ob mich _____ anerkennt oder nicht.*

✧ *Ich bin frei von der Sucht danach, von Menschen Anerkennung zu bekommen.*

✧ *Ich brauche es jetzt nicht mehr, von irgendjemandem Anerkennung zu bekommen.*

✧ *Ich bin frei, ich bin glücklich, ich bin in meiner eigenen Kraft, ich erkenne mich in meiner ganzen Größe an, ich bin verbunden mit dem Quantenfeld des reinen Bewusstseins.*

Transfirmationen für Tag 3 (Bewunderung)

◇ *Ich bleibe in meiner vollen Kraft, auch wenn ich keine Bewunderung bekomme.*

◇ *Ich akzeptiere es, nicht bewundert zu werden.*

◇ *Ich fühle mich ab sofort gut dabei, nicht bewundert zu werden.*

◇ *Ich bin glücklich, ob ich bewundert werde oder nicht.*

◇ *Ich bin glücklich, auch wenn ich nicht bewundert werde.*

◇ *Ich liebe mich, auch wenn ich nicht bewundert werde.*

◇ *Ich genieße mein Leben, auch wenn ich nicht bewundert werde.*

◇ *Ich liebe alle Situationen, in denen ich nicht bewundert werde.*

◇ *Ich kann alle Menschen bewundern, die mich nicht bewundern.*

◇ *Ich kann _____ (meinen Partner, meinen Chef oder eine andere Person) bewundern, auch wenn _____ mich nicht bewundert.*

◇ *Es ist mir ganz egal, ob mich _____ bewundert oder nicht.*

◇ *Ich bin frei von der Sucht danach, von Menschen bewundert zu werden.*

◇ *Ich brauche es jetzt nicht mehr, von irgendjemandem bewundert zu werden.*

◇ *Ich bin frei, ich bin glücklich, ich bin in meiner eigenen Kraft, ich bewundere meine Einzigartigkeit, ich bin verbunden mit dem Quantenfeld des reinen Bewusstseins.*

Transfirmationen für Tag 4 (Respekt)

◇ *Ich bleibe in meiner vollen Kraft, auch wenn ich nicht respektiert werde.*

◇ *Ich akzeptiere es, nicht respektiert zu werden.*

◇ *Ich fühle mich ab sofort gut dabei, nicht respektiert zu werden.*

◇ *Ich bin glücklich, ob ich respektiert werde oder nicht.*

◇ *Ich bin glücklich, auch wenn ich nicht respektiert werde.*

- *Ich liebe mich, auch wenn ich nicht respektiert werde.*
- *Ich genieße mein Leben, auch wenn ich nicht respektiert werde.*
- *Ich liebe alle Situationen, in denen ich nicht respektiert werde.*
- *Ich kann alle Menschen respektieren, die mich nicht respektieren.*
- *Ich kann _____ (meinen Partner, meinen Chef oder eine andere Person) respektieren, auch wenn _____ mich nicht respektiert.*
- *Es ist mir ganz egal, ob mich _____ respektiert oder nicht.*
- *Ich bin frei von der Sucht danach, von Menschen respektiert zu werden.*
- *Ich brauche es jetzt nicht mehr, von irgendjemandem respektiert zu werden.*
- *Ich bin frei, ich bin glücklich, ich bin in meiner eigenen Kraft, ich respektiere mich in meinem ganzen Sein, ich bin verbunden mit dem Quantenfeld des reinen Bewusstseins.*

Transfirmationen für Tag 5 (Vertrauen)

- *Ich bleibe in meiner vollen Kraft, auch wenn ich kein Vertrauen bekomme.*
- *Ich akzeptiere es, kein Vertrauen zu bekommen.*
- *Ich fühle mich ab sofort gut dabei, kein Vertrauen zu bekommen,*
- *Ich bin glücklich, ob ich Vertrauen bekomme oder nicht.*
- *Ich bin glücklich, auch wenn ich kein Vertrauen bekomme.*
- *Ich liebe mich, auch wenn ich kein Vertrauen bekomme.*
- *Ich genieße mein Leben, auch wenn ich kein Vertrauen bekomme.*
- *Ich liebe alle Situationen, in denen ich kein Vertrauen bekomme.*
- *Ich kann allen Menschen vertrauen, die mir kein Vertrauen geben.*
- *Ich kann _____ (meinem Partner, meinem Chef oder einer anderen Person) vertrauen, auch wenn _____ mir kein Vertrauen schenkt.*
- *Es ist mir ganz egal, ob mir _____ vertraut oder nicht.*

◇ Ich bin frei von der Sucht danach, von Menschen Vertrauen zu bekommen.

◇ Ich brauche es jetzt nicht mehr, von irgendjemandem Vertrauen zu bekommen.

◇ Ich bin frei, ich bin glücklich, ich bin in meiner eigenen Kraft, ich vertraue mir selbst und meinem Leben, ich bin verbunden mit dem Quantenfeld des reinen Bewusstseins.

Transfirmationen für Tag 6 (Verständnis)

◇ Ich bleibe in meiner vollen Kraft, auch wenn ich nicht verstanden werde.

◇ Ich akzeptiere es, nicht verstanden zu werden.

◇ Ich fühle mich ab sofort gut dabei, nicht verstanden zu werden.

◇ Ich bin glücklich, ob ich verstanden werde oder nicht.

◇ Ich bin glücklich, auch wenn ich nicht verstanden werde.

◇ Ich liebe mich, auch wenn ich nicht verstanden werde.

◇ Ich genieße mein Leben, auch wenn ich nicht verstanden werde.

◇ Ich liebe alle Situationen, in denen ich kein Verständnis bekomme.

◇ Ich kann allen Menschen Verständnis entgegenbringen, die mich nicht verstehen.

◇ Ich kann _____ (meinem Partner, meinem Chef oder einer anderen Person) Verständnis entgegenbringen, auch wenn _____ mich nicht versteht.

◇ Es ist mir ganz egal, ob mich _____ versteht oder nicht.

◇ Ich bin frei von der Sucht danach, von Menschen Verständnis zu bekommen.

◇ Ich brauche es jetzt nicht mehr, von irgendjemandem Verständnis zu bekommen.

✧ *Ich bin frei, ich bin glücklich, ich bin in meiner eigenen Kraft, ich verstehe meine göttliche Stimme, ich bin verbunden mit dem Quantenfeld des reinen Bewusstseins.*

Transfirmationen für Tag 7 (Unterstützung)

✧ *Ich bleibe in meiner vollen Kraft, auch wenn ich nicht unterstützt werde.*

✧ *Ich akzeptiere es, nicht unterstützt zu werden.*

✧ *Ich fühle mich ab sofort gut dabei, nicht unterstützt zu werden.*

✧ *Ich bin glücklich, ob ich unterstützt werde oder nicht.*

✧ *Ich bin glücklich, auch wenn ich nicht unterstützt werde.*

✧ *Ich liebe mich, auch wenn ich nicht unterstützt werde.*

✧ *Ich genieße mein Leben, auch wenn ich nicht unterstützt werde.*

✧ *Ich liebe alle Situationen, in denen ich keine Unterstützung bekomme.*

✧ *Ich kann allen Menschen Unterstützung geben, die mich nicht unterstützen.*

✧ *Ich kann _____ (meinem Partner, meinem Chef oder einer anderen Person) Unterstützung geben, auch wenn _____ mich nicht unterstützt.*

✧ *Es ist mir ganz egal, ob mich _____ unterstützt oder nicht.*

✧ *Ich bin frei von der Sucht danach, von Menschen unterstützt zu werden.*

✧ *Ich brauche es jetzt nicht mehr, von irgendjemandem unterstützt zu werden.*

✧ *Ich bin frei, ich bin glücklich, ich bin in meiner eigenen Kraft, ich bin verbunden mit dem Quantenfeld des reinen Bewusstseins.*

Transfirmationen für Tag 8 (Akzeptanz)

 ✧ *Ich bleibe in meiner vollen Kraft, auch wenn ich nicht akzeptiert werde.*
 ✧ *Ich akzeptiere es, nicht akzeptiert zu werden.*
 ✧ *Ich fühle mich ab sofort gut dabei, nicht akzeptiert zu werden.*
 ✧ *Ich bin glücklich, ob ich akzeptiert werde oder nicht.*
 ✧ *Ich bin glücklich, auch wenn ich nicht akzeptiert werde.*
 ✧ *Ich liebe mich, auch wenn ich nicht akzeptiert werde.*
 ✧ *Ich genieße mein Leben, auch wenn ich nicht akzeptiert werde.*
 ✧ *Ich liebe alle Situationen, in denen ich nicht akzeptiert werde.*
 ✧ *Ich kann alle Menschen akzeptieren, die mich nicht akzeptieren.*
 ✧ *Ich kann _____ (meinen Partner, meinen Chef oder eine andere Person) akzeptieren, auch wenn _____ mich nicht akzeptiert.*
 ✧ *Es ist mir ganz egal, ob mich _____ akzeptiert oder nicht.*
 ✧ *Ich bin frei von der Sucht danach, von Menschen akzeptiert zu werden.*
 ✧ *Ich brauche es jetzt nicht mehr, von irgendjemandem akzeptiert zu werden.*
 ✧ *Ich bin frei, ich bin glücklich, ich bin in meiner eigenen Kraft, ich bin der Inbegriff von Akzeptanz, ich bin verbunden mit dem Quantenfeld des reinen Bewusstseins.*

Transfirmationen für Tag 9 (Ermutigung)

 ✧ *Ich bleibe in meiner vollen Kraft, auch wenn ich keine Ermutigung bekomme.*
 ✧ *Ich akzeptiere es, keine Ermutigung zu bekommen.*
 ✧ *Ich fühle mich ab sofort gut dabei, keine Ermutigung zu bekommen.*
 ✧ *Ich bin glücklich, ob ich ermutigt werde oder nicht.*

✧ Ich bin glücklich, auch wenn ich keine Ermutigung bekomme.

✧ Ich liebe mich, auch wenn ich keine Ermutigung bekomme.

✧ Ich genieße mein Leben, auch wenn ich nicht ermutigt werde.

✧ Ich liebe alle Situationen, in denen ich keine Ermutigung bekomme.

✧ Ich kann alle Menschen ermutigen, von denen ich keine Ermutigung bekomme.

✧ Ich kann _____ (meinen Partner, meinen Chef oder eine andere Person) ermutigen, auch wenn ich von _____ keine Ermutigung bekomme.

✧ Es ist mir ganz egal, ob mich _____ ermutigt oder nicht.

✧ Ich bin frei von der Sucht danach, von Menschen Ermutigung zu bekommen.

✧ Ich brauche es jetzt nicht mehr, von irgendjemandem ermutigt zu werden.

✧ Ich bin frei, ich bin glücklich, ich bin in meiner eigenen Kraft, ich bin mutig, ich bin verbunden mit dem Quantenfeld des reinen Bewusstseins.

Transfirmationen für Tag 10 (Bestätigung)

✧ Ich bleibe in meiner vollen Kraft, auch wenn ich keine Bestätigung bekomme.

✧ Ich akzeptiere es, keine Bestätigung zu bekommen.

✧ Ich fühle mich ab sofort gut dabei, keine Bestätigung zu bekommen.

✧ Ich bin glücklich, ob ich Bestätigung bekomme oder nicht.

✧ Ich bin glücklich, auch wenn ich keine Bestätigung bekomme.

✧ Ich liebe mich, auch wenn ich keine Bestätigung bekomme.

✧ Ich genieße mein Leben, auch wenn ich keine Bestätigung bekomme.

❖ *Ich liebe alle Situationen, in denen ich keine Bestätigung bekomme.*

❖ *Ich kann allen Menschen Bestätigung geben, von denen ich keine Bestätigung bekomme.*

❖ *Ich kann _____ (meinem Partner, meinem Chef oder einer anderen Person) Bestätigung geben, auch wenn ich von _____ keine Bestätigung bekomme.*

❖ *Es ist mir ganz egal, ob mir _____ Bestätigung gibt oder nicht.*

❖ *Ich bin frei von der Sucht danach, von Menschen Bestätigung zu bekommen.*

❖ *Ich brauche es jetzt nicht mehr, von irgendjemandem Bestätigung zu bekommen.*

❖ *Ich bin frei, ich bin glücklich, ich bin in meiner eigenen Kraft, ich bin verbunden mit dem Quantenfeld des reinen Bewusstseins.*

Transfirmationen für Tag 11 (Fürsorge)

❖ *Ich bleibe in meiner vollen Kraft, auch wenn ich nicht umsorgt werde.*

❖ *Ich akzeptiere es, keine Fürsorge zu bekommen.*

❖ *Ich fühle mich ab sofort gut dabei, nicht umsorgt zu werden.*

❖ *Ich bin glücklich, ob ich umsorgt werde oder nicht.*

❖ *Ich bin glücklich, auch wenn ich keine Fürsorge bekomme.*

❖ *Ich liebe mich, auch wenn ich keine Fürsorge bekomme.*

❖ *Ich genieße mein Leben, auch wenn ich nicht umsorgt werde.*

❖ *Ich liebe alle Situationen, in denen ich keine Fürsorge bekomme.*

❖ *Ich kann alle Menschen umsorgen, die mir keine Fürsorge geben.*

❖ *Ich kann _____ (meinen Partner, meinen Chef oder eine andere Person) umsorgen, auch wenn _____ mir keine Fürsorge gibt.*

❖ *Es ist mir ganz egal, ob mich _____ umsorgt oder nicht.*

✧ Ich bin frei von der Sucht danach, von Menschen umsorgt zu werden.

✧ Ich brauche es jetzt nicht mehr, von irgendjemandem Fürsorge zu bekommen.

✧ Ich bin frei, ich bin glücklich, ich bin in meiner eigenen Kraft, ich bin versorgt, ich bin verbunden mit dem Quantenfeld des reinen Bewusstseins.

Transfirmationen für Tag 12 (Trost)

✧ Ich bleibe in meiner vollen Kraft, auch wenn ich nicht getröstet werde.

✧ Ich akzeptiere es, nicht getröstet zu werden.

✧ Ich fühle mich ab sofort gut dabei, keinen Trost zu bekommen.

✧ Ich bin glücklich, ob ich Trost bekomme oder nicht.

✧ Ich bin glücklich, auch wenn ich nicht getröstet werde.

✧ Ich liebe mich, auch wenn ich nicht getröstet werde.

✧ Ich genieße mein Leben, auch wenn ich nicht getröstet werde.

✧ Ich liebe alle Situationen, in denen ich nicht getröstet werde.

✧ Ich kann allen Trost geben, die mich nicht trösten.

✧ Ich kann _____ (meinem Partner, meinem Chef oder einer anderen Person) Trost geben, auch wenn _____ mich nicht tröstet.

✧ Es ist mir ganz egal, ob mich _____ tröstet oder nicht.

✧ Ich bin frei von der Sucht danach, von Menschen getröstet zu werden.

✧ Ich brauche es jetzt nicht mehr, von irgendjemandem getröstet zu werden.

✧ Ich bin frei, ich bin glücklich, ich bin in meiner eigenen Kraft, ich bin verbunden mit dem Quantenfeld des reinen Bewusstseins.

Transfirmationen für Tag 13 (Liebe)

✧ *Ich bleibe in meiner vollen Kraft, auch wenn ich nicht geliebt werde.*

✧ *Ich akzeptiere es, nicht geliebt zu werden.*

✧ *Ich fühle mich ab sofort gut dabei, nicht geliebt zu werden.*

✧ *Ich bin glücklich, ob ich geliebt werde oder nicht.*

✧ *Ich bin glücklich, auch wenn ich nicht geliebt werde.*

✧ *Ich liebe mich, auch wenn ich nicht geliebt werde.*

✧ *Ich genieße mein Leben, auch wenn ich nicht geliebt werde.*

✧ *Ich liebe alle Situationen, in denen ich keine Liebe erfahre.*

✧ *Ich kann alle Menschen lieben, die mich nicht lieben.*

✧ *Ich kann _____ (meinen Partner, meinen Chef oder eine andere Person) lieben, auch wenn _____ mich nicht liebt.*

✧ *Es ist mir ganz egal, ob mich _____ liebt oder nicht.*

✧ *Ich bin frei von der Sucht danach, von Menschen geliebt zu werden.*

✧ *Ich brauche es jetzt nicht mehr, von irgendjemandem geliebt zu werden.*

✧ *Ich bin frei, ich bin glücklich, ich bin in meiner eigenen Kraft, ich bin Liebe, ich bin verbunden mit dem Quantenfeld des reinen Bewusstseins.*

Ich bewundere dich sehr dafür, wie hart du in den letzten zwei Wochen an dir und deiner Entwicklung gearbeitet hast. Wenn du alle Transfirmations-Kombinationen gesprochen hast, kannst du dir sicher sein, dass das Gefühl emotionaler Freiheit in dir entstehen und wachsen wird. Genieße es, eine emotionale Meisterin/ein emotionaler Meister zu sein!

Dieses Buch ist ein Workshop, der nur dann seine ganze Wirkung entfaltet, wenn du den Empfehlungen folgst. Ich möchte das nächste Kapitel deswegen dem Thema der Eigenverantwortung widmen. Du musst Verantwortung für dein eigenes Leben übernehmen, wenn du etwas verändern möchtest. Es gibt viele Erinnerungen in deine Zellen an die frühere Zeit, an deine Ahnen, die dir bestätigen, dass du durchs Leben kommst, auch ohne Eigenverantwortung zu übernehmen. Früher gingst du zu einem Heiler, und er hat dich gesund »gezaubert«, du gingst zu einem Arzt, und er hat dir Medikamente verschrieben. Früher ging es auf andere Weise, doch deine Seele weiß, dass Eigenverantwortung viel mehr Potenziale in sich trägt als dieses passive Verhalten. Es ist jetzt an der Zeit, dich an das Potenzial in dir zu erinnern!

Erinnere dich an das Potenzial des Managers in dir

Wenn es um das innere Gleichgewicht geht, denken die meisten Menschen an sich selbst zuletzt. Sie lassen sich von allen möglichen Einflüssen und Situationen irritieren, von ihrem Weg abbringen und sind für alle möglichen Zweifel zugänglich. Woran sie nicht arbeiten, ist, die Liebe zu sich selbst zu stärken. Und dabei ist Selbst-Liebe absolut nicht egoistisch. Ich bin von Natur aus ein Mensch, der mehr gibt als nimmt, und in der Vergangenheit war dies manchmal frustrierend, weil ich in der Illusion gelebt habe, dass jeder andere genauso ist wie ich. Doch ich stellte fest, dass die meisten mehr nehmen. Ich musste entdecken, dass die Person, der ich zuerst etwas geben musste, ich selbst war. Wenn ich mir selbst gebe, bin ich glücklich und habe mehr Energie. Dann kann ich auch anderen mehr geben. So ist Selbstliebe das beste Heilmittel für die Welt. Wenn sie jeder praktizieren würde, würden alle gewinnen.

Sei eigennützig, was deine innere Befindlichkeit angeht! Du bist der wichtigste Mensch in deinem Leben. Wenn du nicht für dich sorgst, für deine

Zufriedenheit, für deine feste Zuversicht, für deinen Glauben an deinen Erfolg – wer soll es denn sonst für dich tun?

Es gibt niemanden, der das übernehmen kann. Du kannst immer leicht sagen: »Es geht nicht!« Doch das Universum kann und wird dir immer einen Weg zeigen. Du sagst dir also besser: »Ich finde diesen Weg.« So wirst du zum potenziellen Gewinner. Wenn du auf dem Weg bist, brauchst du nur noch Beharrlichkeit. Bleib dabei, bis du »da« bist, am Ziel deiner Träume! Ich hoffe, dass dir dieses Buch Antworten auf deine Zweifel, die unterwegs auftreten, geben wird.

Wir befinden uns in einer Zeit der Transformation. Viele Menschen wollen ihr Leben, so wie es gerade ist, nicht mehr auf diese Weise leben. Dieses Leben ist eine Ansammlung von Konditionierungen Tausender Jahre des menschlichen Bewusstseins, und das wollen diese Menschen nicht mehr. Vielen ist die Ursache ihrer Unzufriedenheit jedoch gar nicht klar, weswegen es an so vielen Ecken kriselt: Der Job funktioniert nicht mehr, es geschehen Unfälle, Beziehungen sind am Rande des Erträglichen angelangt, und das Gefühl, sich befreien zu wollen oder sogar zu müssen, wird immer intensiver. Diese Veränderung wird geschehen, und du bist auf dem Weg dahin, denn so lautet dein Wunsch. Deswegen hast du dich für dieses Buch entschieden.

Du wirst durch dieses Buch sehr klar in die neue Energie geführt, in die Neue Bewusstheit, in die neue Schöpferkraft, in das Quantenfeld des reinen Bewusstseins. Oder vielleicht sollte ich es anders sagen: Es geht vielmehr darum, dass du diese Energie auf die Erde bringst dadurch, dass du Neue Bewusstheit entwickelst. Dabei handelt es sich weder um ein mentales Konzept, noch ist es etwas Esoterisches oder etwas, was außerhalb von dir wäre. Es ist etwas, was du nun in dich und in die Welt hereinholen kannst. Es kann möglicherweise etwas herausfordernd sein, weil die Neue Energie nicht so wie die alte Schwingungsenergie funktioniert. Es geht um eine Art Feinkalibrierung deiner persönlichen Schwingung, die auf den momentanen

Bewusstseinswandel eingestellt wird. Die Erde und das Universum befinden sich längst in dieser Transformation, und dieser neuen Energie sollten wir uns mit unserem Bewusstsein anpassen. Wenn du dich entscheidest, zu bleiben wo du bist, könnten die kommenden Veränderungen für dich unheimlich werden.

In den nächsten Wochen, in denen du mit diesem Buch arbeitest, oder auch darüber hinaus solltest du dich in das Quantenfeld der kristallinen Struktur hineinfühlen. Du wirst mehr und mehr deine Potenziale entdecken und dich für sie öffnen.

Atme jetzt einfach einmal ein paar tiefe Atemzüge! Das tiefe bewusste Atmen tut nicht nur gut, es verbindet dich darüber hinaus mit diesen Energien, die deinen Transformationsprozess unterstützen.

Vieles, was momentan in deinem Leben geschieht, empfindest du vielleicht als den mühsamsten Punkt in deinem Leben und die größten Herausforderungen. Möglicherweise werden sich manche dieser Prozesse noch für ein paar Wochen oder Monate hinziehen, und du fragst dich, wieso. Hast du in der Vergangenheit nicht schon genug an deinen ganzen Themen gearbeitet? Das liegt an den Energien, die jetzt wirksam werden und vor denen du versuchst, wegzulaufen. Frage dich: Bist du die Schöpferin, der Schöpfer deines Lebens? Bist du wirklich der Boss? Bist du die Managerin, der Manager? Ich habe schon oft darüber gesprochen, und ich bin mir sicher, dass du schon viel darüber gehört oder gelesen hast. Doch jetzt wird es tatsächlich Realität. Und jetzt fragt dich das Leben: Bist du wirklich die Managerin, der Manager hier, oder tust du nur so? Versuchst du, zurück in die Schatten zu fallen? Versuchst du, in ein Drama zu gehen oder sogar einem anderen die Verantwortung zu übergeben?

Möglicherweise hattest du in letzter Zeit einige körperliche Probleme. Vielleicht traten plötzlich Schmerzen in deinen Händen oder deinen Beinen auf. Es ist kein Rheuma und keine Arthritis, auch wenn der Arzt dir das gesagt hat. Der Arzt hat aus medizinischer Sicht natürlich absolut recht, das möchte ich gar nicht infrage stellen.

Aber er versteht nicht, warum genau du diese Schmerzen hast. Er stellt dann ein Rezept aus, und damit ist die Sache erledigt. Aber eigentlich sind diese Leiden nur die Folge deiner Anstrengungen in der Vergangenheit, als du begonnen hast, dich auf die Reise deiner spirituellen Entwicklung zu machen. All die Themen zeigen sich plötzlich in deinem Körper, und sie fordern dich auf, dir die Frage zu stellen: Wer ist hier der Chef? Wer ist der Schöpfer? Wer managt meinen Körper? Wer hat die Macht über meine DNS? Wer kann alles verändern?

Du fragst dich dann vielleicht sogar: »Was versucht das Göttliche mir zu sagen?« Nichts! Ich behaupte, dass es dem Göttlichen völlig egal ist. Gott liebt dich einfach nur, das ist alles. Es ist ihm aber völlig egal, welche Erfahrung du dir selbst gibst und was dein Körper durchmacht. Das heißt nicht, dass es dem göttlichen Prinzip gleichgültig ist. Gott liebt dich, er hat Mitgefühl mit dir, so sehr, dass er dich durch alles hindurchgehen lässt, wo du hindurchgehen möchtest, alles, was du wählst.

Die meisten der Themen, die gerade in deinem Leben und deinem Körper auf dich zukommen, wollen nur eine Frage beantwortet haben: Bist du bereit, der Schöpfer zu sein, bereit, Verantwortung zu übernehmen?

Bist du kühn genug? Holen dich dein Wunsch nach Veränderung und deine Sehnsucht nach dem reinen Gefühl in eine andere Energie? Dieser Prozess ist nichts für Feige oder für die, die gern Opfer spielen und sich beschweren, er ist auch nichts für die Leichten und die Luftigen. Er ist für die Engel mit Rückgrat wie dich. Bist du bereit, weiterzugehen?

Diese Entscheidung zu treffen, ist einfach. Die Übungen, die du im Folgenden dafür durchführen wirst, sind einfach. Die Frage ist: Willst du wirklich ein Schöpfer sein? Das klingt gut, nicht wahr? Doch bevor du die Frage beantwortest, lies noch das Kleingedruckte: Du kannst niemand anderem die Schuld geben. Das wird nicht mehr funktionieren. Wenn du mit dem Finger auf jemand anderen zeigst, zerbrichst du deine eigene Energie, sie zersplittert und geht andere Wege. Wenn du also diese totale Verantwortung als Schöpfer übernimmst, dann bedeutet das auch, den »Versager« in dir zu akzeptieren. Doch du weißt mittlerweile, dass all die Situationen, in denen du dich als Versager gefühlt hast, nicht wirklich Situationen des Versagens waren, sondern Erfahrungen. Bei gewissen Dingen, die du zu tun versuchst, wirst du hinfallen, und es wird als ein Versagen von deinem Umfeld angesehen werden, vielleicht wird es dich auslachen. Doch das macht nichts!

Du arbeitest mit etwas Neuem, dem Bewusstsein. Das alte Messsystem für Erfolg gilt in dieser Neuen Energie, in die du gerade geführt wirst, nicht mehr. Deswegen werden Dinge, die du tust, von anderen und anfangs vielleicht auch von dir manchmal als Versagen angesehen, und das kann sehr deprimierend oder traurig sein. Es frustriert dich, weil deine Idee augenscheinlich nicht funktioniert – aber vielleicht stimmt das gar nicht. Stelle dich an einen anderen Punkt, in eine andere Bewusstseinsperspektive, und du wirst sehen, was tatsächlich vor sich geht: Du beginnst, mit Neuer Energie zu arbeiten. Es geht darum, deine Verantwortung zu akzeptieren, deine Eigentümerschaft, dein Schöpfertum.

Du sollst jetzt der alleinige Manager deines eigenen Lebens werden. Du kannst dein Scheitern nicht der Tatsache zuschreiben, dass du schlechtes Karma habest oder dass du in eine arme Familie hineingeboren wurdest. Wenn du die Schuld der Welt gibst, hast du die Welt überhaupt nicht verstanden. Ein wahrer Schöpfer kann das nicht tun. Ein wahrer Schöpfer übernimmt die vollständige Verantwortung für sein Leben.

Wahrer Schöpfer sein

Als wahrer Schöpfer kannst du auch keine Verantwortung für das Leben eines anderen übernehmen. Vielleicht ist diese Sichtweise neu für dich. Du versuchst, vielleicht aus reinem Mitgefühl, der Mit-Schöpfer für eine andere Person zu sein, doch das kannst du nicht wirklich. Mit-Schöpfung geschieht nur zwischen zwei Wesen, die beide absolut bewusste Schöpfer sind, die das wissen und bewusst tun.

Wenn du versuchst, Verantwortung für das Leben eines anderen zu übernehmen, wird deine Energie abgelenkt und fragmentiert. Du solltest dich nicht in das Leben anderer einmischen, sondern dich um deine eigenen Angelegenheiten kümmern. Das bedeutet nicht, dass du kein Interesse an anderen Menschen und deren Leben haben solltest, oder an ihrer Liebe, dass du kein Mitgefühl haben solltest. Doch du sollst nicht versuchen, ihr Leben für sie zu führen. Das wird nicht funktionieren! Wenn du Kinder hast, dann wirst du wissen, worüber ich spreche. Wie oft wollen wir für das Leben unserer Kinder irgendetwas, was diese gar nicht interessiert? Meine Tochter verdreht

manchmal die Augen, wenn ich wieder einmal über die Engel oder eine spirituelle Lebensweisheit spreche. Und ich bin stolz auf sie, dass sie ihre eigene
Lebensansicht entwickelt. Mein Sohn hat sich selbst aus dem Religionsun-
terricht abgemeldet, weil er nicht gezwungen werden möchte, zu glauben,
was er nicht glauben will. Wohlgemerkt: Mein Sohn ist in der ersten Klasse
und gerade mal sechs Jahre alt. Und ich bin stolz auf ihn!

Es wird nicht funktionieren, wenn du versuchst, deinen Partner, deine Partnerin zu führen, sein oder ihr Leben zu managen. Mit-Schöpfen funktioniert
nur, wenn der oder die andere selbst bewusster Schöpfer ist, und ihr es beide
ganz bewusst macht. Du kannst das aber auch mit Gott tun, denn Gott ist
ein bewusster Schöpfer und er ist in dir. Nun ist es an der Zeit, dass du nach
vorn trittst und der bewusste Schöpfer bist.

Vielleicht hast du gemerkt, dass der Ton sich in diesem Kapitel ein wenig
geändert hat. Das ist bewusst so! Du musst verstehen, dass es Zeit ist, über
die netten Konzepte hinauszugehen, denn es ist Zeit, zu verstehen, dass
dich nur Eigenverantwortung dahin führen wird, der alleinige Manager deines Lebens zu werden.

Wenn du den Eindruck hast, dass du es versuchst und es nicht funktioniert,
lässt du dich immer noch von anderen beeinflussen und erlaubst immer noch
alten Glaubenssystemen, dich zu beeinflussen. Es ist eine große Herausforderung, sich wirklich frei zu machen, weil es viele äußere Einflüsse gibt, die
dagegenarbeiten, aber das heißt nicht, dass du nicht die Kraft dazu hättest.
Du hast bestimmt schon einmal gesagt oder gedacht: »Es funktioniert nicht.
Ich habe es versucht.« Du hast all die Bücher gelesen, diese ganzen Seminare besucht, aber hast du die Bücher als deine Worte akzeptiert? Nicht
die des Autors oder des Seminarleiters, deine eigenen. Hast du akzeptiert,
dass du der Schöpfer bist, nicht irgendwann sein wirst, dass du tatsächlich
der Manager eines jeden Aspekts deines Lebens bist – Körper, Verstand und
göttliches Bewusstsein? Solange du für dein Leben dein Karma, deine frühe-

ren Leben oder dein Sternzeichen verantwortlich machst, managst du nicht, sondern lässt alle anderen dich managen. Aber jetzt kommen deine Familie und Freunde, deine Mitarbeiter und Kollegen, dein Körper, dein Verstand und dein göttliches Bewusstsein, alle deine Aspekte, alles, was in dein Leben involviert ist, zu dir und fragen dich: »Bist du der Manager? Der Schöpfer? Der Eigentümer? Triffst du hier die Entscheidungen?« Und du bist dir nicht sicher.

Du weißt nicht, ob du das Massenbewusstsein, deine früheren Leben und deine alten Herangehensweisen transzendieren kannst, und gehst zurück in jenen alten Trott, beschuldigst andere und versteckst dich. Du hast in der Vergangenheit Unterschlupf vor der Welt gesucht. Und das war immer eine wunderbare Sache, weil du einfach die Zeit für dich selbst gebraucht hast. Aber du hast die Zeit für dich selbst gehabt, jetzt ist nicht mehr die Zeit dafür. Du kannst diese phänomenale Veränderung und ihr Potenzial fühlen, und es sagt zu dir: »Bist du bereit, jetzt herauszukommen?« Übernimm das Management und die Verantwortung für alles in deinem Leben!

Übernimm auch Verantwortung für deinen Körper. Höre auf, so zu tun, als sei er irgendein medizinisch kompliziertes Ding, das über dein Verständnis hinausgeht. Höre auf, zu denken, dass du nicht weißt, wie dein Körper funktioniert und dass er nur dieser Apparat ist, der ganz eigenständig Dinge tut. Diese Ansicht bedeutet, dass du verleugnest, dass du sein Eigentümer bist.

Das Schwert im Stein

Kennst du die Geschichte von König Artus und dem Schwert im Stein? Es gab einmal einen großen Stein, in dem ein Schwert steckte. Das Land war führungslos, und derjenige, der das Schwert herausziehen konnte, sollte der König sein. Viele Männer versuchten es. Sie benutzten all ihre Macht und all ihre Muskeln, doch das Schwert gab kein bisschen nach.

Und dann kam der junge Artus, kein besonders starker Junge. Er war auch nicht bekannt für seine Klugheit oder für sonst irgendetwas Besonderes. Artus ging zu diesem Schwert, nahm einen tiefen Atemzug, erinnerte sich an seine Ich-bin-Präsenz – nicht die eines anderen, die eines Gewichthebers, die Jesu Christi, sondern seine eigene –, und zog das Schwert so leicht aus dem Stein heraus, als wäre er aus Butter gewesen.

Artus hat die Eigentümerschaft für sich selbst übernommen. Er hat das Schwert der Wahrheit akzeptiert. Er hat totale Verantwortung für sich selbst als Eigentümer seines Körpers, seines Verstandes und seines göttlichen Bewusstseins übernommen. Er hat Verantwortung für seine Realität übernommen, die er für sich selbst erschaffen hat. Und er wurde König.

Nachdem Artus Herr seiner selbst wurde, die Eigentümerschaft über sich selbst übernahm, begannen andere, ihn »den König« zu nennen. Sie kamen zu ihm, um von ihm geführt zu werden.

Zieh das Schwert aus dem Stein! Akzeptiere die Verantwortung für dich selbst als Schöpfer, und du wirst die Erfahrung machen, dass andere zu dir kommen. Vielleicht klopfen sie nicht gleich an deine Tür, aber wenn du ihre Energie sehen könntest, würdest du sehen, dass sie bereits da sind und geduldig warten. Aber wann wirst du die Türe öffnen?

Die Menschheit will neue Lehrer, eine neue Art des Lehrens und des Führens. Sie wollen das, was du anzubieten hast, aber du musst zuerst dein eigenes Sein akzeptieren.

König Artus hat das Land vereint. So wirst du dich selbst vereinen. Viele Aspekte warten darauf, zurückzukommen, bis du das Schwert aus dem Stein ziehst und den Thron deines Seins besteigst.

Doch mache dies nicht nur in deinem Verstand! Du hast immer wieder zu dir gesagt: »Ich bin, wer ich bin.« Doch du hast es selbst nicht geglaubt. Du hast den Satz wie ein Mantra wiederholt, doch hatte er eine Bedeutung? »Ich bin.« – Was bedeutet das für dich?

Jeder Teil von dir will, dass du der Manager bist. Keine Wenns und Abers mehr, keine Ja-Abers, keine Morgen, keine Wenns oder Falls mehr, sondern nur noch Jetzt. Das ist vielleicht die schwierigste Aufgabe, die ich dir in diesem Buch stelle.

Du kannst nicht mehr deinen Ehepartner beschuldigen oder deine schlechten Beziehungen in der Vergangenheit oder die Tatsache, dass du sexuell missbraucht wurdest – nicht in diesem Neuen Bewusstsein, wo du selbst Schöpfer deines Lebens bist und niemand sonst. Hier entwickelst du dich hin zu dir selbst, hin zu deiner eigenen Größe, in das reine Gefühl der Quelle. Wenn du das wirklich als etwas Normales in deinem Leben fühlen möchtest, dann entscheide dich dafür!

Du kannst immer noch jederzeit umdrehen, aber du wirst dann woanders hingehen müssen, dafür sorgt dein Leben. Es deckt jetzt bereits Verletzungen auf und wühlt jetzt bereits in den Wunden – mit Absicht. Und es wird damit fortfahren, es hat gerade erst begonnen! Wenn du bereits jetzt einige deiner Themen nicht magst, so wirst du sie später noch weniger mögen. Also sieh sie dir an!

Das Leben konfrontiert dich mit diesen Themen aus Liebe, um dich unter deinen Narben zu erreichen, weil es will, dass du verstehst, wie schön das Leben sein kann. Du musst verstehen, wie souverän du bist – nicht im nächsten Leben, gerade jetzt. Ich habe es persönlich wirklich erlebt, und nicht nur einmal, wie einzigartig, wertvoll und berauschend es ist, durch die Schichten des Leidens hindurchzugehen und die Vollkommenheit der Liebe und des Friedens im Herzen zu spüren, wenn du erkennst, was darunter auf dich wartet: tiefe Liebe in dir selbst, wie du sie vielleicht noch nie erfahren konntest. Es lohnt sich wirklich!*

Die Menschen zur Zeit König Artus' sehnten sich nach jemandem, der die Kriege beendete und sie nach Camelot führte, in ein neues Bewusstsein, genauso, wie jeder Teil von dir sich nach diesem Neuen Bewusstsein sehnt.

Wenn du einen Streit mit einem anderen Menschen hast, musst du dir klarmachen, dass der andere dich nicht kleinmachen will. Die Menschen, die mit dir streiten, sehen das Potenzial in dir, das du selbst nicht in dir siehst – und sie sind sauwütend auf dich, weil du es nicht herauslässt, sondern es versteckst. Du tust so, als ob dich etwas abhält, als ob du die Antwort noch nicht wüsstest, und du findest Ausreden wie, dass du Zeit zum Meditieren brauchtest, um zu versuchen, zurück in deine Energie zu finden. Das stimmt nicht. Du hast das alles jetzt im Augenblick zur Verfügung – das Schöpfertum, das Ich-Bin …

Höre hinter die Worte. Gehe hinter die Phrasen, und erkenne, was du bist.

* Vgl. hierzu die Übung »Meister-Übung für ein Leben in Freude«, S. 122f.

Bist du bereit, der Schöpfer zu sein, der Manager, der Eigentümer, der Hausmeister und alles andere in deinem Leben? Ich betone diesen Punkt immer wieder, weil du ihn brauchen wirst, um weiter voranzugehen.

Das Leben wird das auch tun. Dein Leben wird dich ansehen, und du kannst es nicht für dumm verkaufen. Es wird wissen wollen, ob du »echt« bist, ob du bereit bist, vorwärtszugehen. Es weiß, dass du dich selbst vollkommen in Besitz nehmen musst.

Du wirst eine andere Energie und ein anderes Bewusstsein haben, darüber musst du dir absolut klar sein. Du musst vollständig deine Ich-bin-Präsenz akzeptiert haben. Deshalb dränge ich dich in diesem Kapitel liebevoll und fordere dich heraus. Das hast du bemerkt, oder?

Beschuldige ab jetzt nichts anderes mehr, wenn vielleicht dein Auto gerade kaputtgegangen ist, du deine Wohnung verloren hast oder du im Job gekündigt wurdest. Was das Leben versucht, dir zu sagen, ist: Du wirst geliebt, und es ist an der Zeit, nach vorn zu treten, Verantwortung zu übernehmen – für alles, was jetzt in deinem Leben ist.

Ein »hochauflösendes« Leben

W ir befinden uns im Übergang von einem Leben mit einer Standardauflösung hin zu einem Leben mit hoher Auflösung, genauso, wie die Bildschirmqualität der Notebooks und Fernseher immer besser wird.

Manche haben noch einen alten Fernseher und ein altes Audiosystem. Und andere haben schon eines der neuen Geräte mit hoher Auflösung. Alles ist für sie intensiver – die Farben, das Bild, der Klang – und dabei auch noch viel energieeffizienter. Wir mussten für Waschmaschinen und Kühlschränke eine neue Bezeichnung wie A++ erfinden, weil sie noch besser wurden als das Beste, was wir bislang hatten. Und genau das geschieht gerade mit dir. Du beginnst, wirklich zu verstehen, wie es ist, ein hochqualitatives Leben zu leben, und alles wird intensiver.

Vielleicht beginnst du, Farben zu sehen, die du zuvor nicht gesehen hast. Die Intensität der Farben, die du bislang gesehen hast, nimmt einen ganz neuen Umfang an, ein ganz neues Leben. Farben sind nicht länger statisch, wenn du ein HD-Leben, ein »High Definition«-Leben lebst, sondern sie beginnen, sich zu bewegen. Du warst es gewohnt, Farben einfach zu sehen. Rot war eben rot. Aber wenn du ein HD-Bewusstsein entwickelst, dann ist Rot nicht mehr nur rot. Es bewegt sich, es lebt, es verändert sich. Es reagiert immer auf dich.

Alles reagiert immer auf dich – selbst etwas so Einfaches wie die Farbe Rot. »Sie ist bloß da, sie ist bloß rot«, meint man. Doch so ist es nicht mehr in einem HD-Leben. Es verändert sich wie ein Chamäleon und ist immer da, um dir zu dienen. Aber wenn du die Eigentümerschaft über dich selbst nicht übernommen hast, dann ist es einfach nur rot. Dasselbe gilt für alle andere in einem HD-Leben, für Menschen oder auch beispielsweise für dein Auto. Dein Auto hat ganz viel von deiner Energie. Es will dir einfach nur dienen und genauso durch seine eigene Metamorphose gehen wie du. Doch wenn du nicht die Eigentümerschaft übernimmst und wirklich hinter dem Lenkrad sitzt, dann lässt du einen deiner Aspekte das Lenken für dich übernehmen. Du lachst jetzt vielleicht, doch es ist wahr: Das Auto wird dann zusammenbrechen, es wird müde werden, da zu sein. Wenn du dein Leben aber mit der neuen Energie lebst, dann ist das Auto nicht mehr bloß ein Auto, es kann sich dann jenseits des Auto-Seins begeben und sich sogar selbst erneuern.

Diese Potenziale bietet die Neue Bewusstheit. Wenn du ein hochauflösendes Leben lebst, ist dein Auto nicht länger bloß ein Auto, es verändert sich und sieht anders aus. Das gleiche geschieht mit dem Essen. Diese Liste ließe sich lange fortsetzen, doch du kannst es nur selbst erfahren. Dazu musst du eine grundlegende Verpflichtung aus dem Herzen eingehen: Du bist der Eigentümer von allem, was du tust – und keine Ausreden! Punkt.

Du bist manchmal frustriert, weil die Dinge nicht so laufen, wie du glaubst, dass sie es sollten. Doch dann solltest du dein Denken darüber ändern. Betrachte die Situation anders: Du wirst frustriert, weil du bestimmte Erwartungen hast, und diese werden nicht erfüllt. Du wirst lernen, dass deine Erwartungen Beschränkungen waren.

Sieh dir an, was in deinem Leben geschieht vom Standpunkt der Dinge, die versuchen, dich infrage zu stellen. Bist du wirklich dein eigener Schöpfer? Bist du wirklich bereit, Verantwortung für alles zu übernehmen, was geschieht, und zu verstehen, dass nichts gegen dich geschieht? Es sind Energien, die versuchen, mit dir zu arbeiten. Auch wenn es manchmal nicht so aussieht oder sich so anfühlt, kommen diese Energien herein, um dir die Artusfrage zu stellen: Bist du bereit, Verantwortung zu übernehmen? Bist du bereit, das Schwert aus dem Stein herauszuziehen?

Die Eigenverantwortung

Artus übernahm für sich selbst Verantwortung, und er wurde stark und mächtig. Er vollbrachte Wunder, wie Merlin, der Zauberer, es tat. Merlin war sowohl im Inneren von Artus als auch ein äußerliches Wesen, aber Artus musste nicht zum äußeren Merlin gehen, um die Magie zu erlangen. Merlin im Außen war einfach nur eine Erinnerung daran, dass die Wunder im Inneren sind.

Natürlich hat Artus in einer anderen Zeit und in einer anderen Energie gelebt als du es jetzt tust. Doch Artus hat bereits damals etwas getan, wozu du manchmal auch neigst: Er hat nicht nur Verantwortung für sich übernommen, sondern auch für alle anderen, er trug das Gewicht seines Hofes, seiner Leute, seiner Untertanen, ja seines Landes – und es wurde ihm zu viel. Das hat leider dazu geführt, dass er das Grundprinzip des Wahrhaftig-mit-sich-selbst-Seins vergessen hat. So nahm Artus aus lauter Wut und Verzweiflung sein Schwert und warf es zurück in den See. Er ließ es los. Seine Geschichte soll dich daran erinnern, dass du das nicht zu tun brauchst.

Es geht nicht darum, die Verantwortung für alle anderen zu übernehmen. Artus realisierte, dass er versucht hatte, seinem Volk eine große Erfahrung zu ersparen. Er hatte aus Mitgefühl versucht, ihnen die Erfahrung der Entdeckung ihres Ich-Seins zu nehmen und ihnen dafür die Erfahrung seines eigenen Ich-Seins zu geben. Er wollte ihnen ihre Probleme vom Rücken nehmen. Deswegen warf er das Schwert zurück in den See und bat all diejenigen um Vergebung, die ihm gefolgt waren. Er hat für sie versucht, ihr Ich-Bin zu sein – während es einfach nur seine Aufgabe gewesen wäre, sein eigenes zu sein. Das wird in deinem Leben ein sehr wichtiger Punkt im nächsten Jahr oder in den nächsten zwei Jahren sein. Du wirst allen diesen Situationen gegenüberstehen. Das Leben wird dich bestimmt daran erinnern.

Dieses Kapitel ist der wichtigste Teil dieses Buches. Lies es immer wieder, lies es jeden Tag einmal, lies immer wieder neue Aspekte heraus, übernimm all die Energie dieser Worte und die Bedeutung der Sätze tief in dein Inneres. Denke immer daran: Übernimm Verantwortung! Du bist dein eigener Schöpfer, dein eigener Manager. Du kannst niemand anderen mehr beschuldigen.

Schlage die folgende Seite auf, und stelle das Zertifikat für dich aus. Du darfst es am Ende des Kapitels unterschreiben, wenn du diesen Text mindestens drei Mal gelesen hast. Nimm dir bitte unbedingt die Zeit dafür. Drei Mal, okay?

Was du dann unterschreibst, ist: »Der Benutzer übernimmt die volle Verantwortung.« Du kannst den Kugelschreiber, mit dem du das unterschriebst, als Erinnerung daran verwenden, dass du Verantwortung für dein Leben übernommen hast. Gib den Kugelschreiber niemand anderem, benutze ihn nur selbst. Wirf ihn nicht einfach in eine Schublade, sondern gib ihm einen Platz, wo du ihn jeden Tag sehen und benutzen kannst. Der Benutzer übernimmt die volle Verantwortung! Vielleicht möchtest du dir dafür extra einen schönen, neuen Kugelschreiber kaufen?

Die Buchregularien besagen übrigens, dass du das unterschreiben musst, bevor du weiterlesen darfst. Das ist Teil des Kleingedruckten. Das Leben will, dass du das unterschreibst, und es wird dich auch daran erinnern, wenn du es vergisst. Es wird dich auch, während du dich weiterentwickelst, daran erinnern, was du unterschrieben hast! Und es wird dich möglicherweise manchmal damit ärgern. Aber das ist gut so.

✧ *Eigenverantwortung übernehmen*

1. Lies dieses Kapitel 3 Mal! Mache bitte auch weiter, wenn du glaubst, dass es bereits reicht.

2. Frage dich: Bei welcher Person oder welchen Personen in meinem Leben versuche ich immer wieder mitzuschöpfen? Fertige eine Liste an, und werde dir dessen bewusst.

_____

_____

_____

_____

3. Verändere dies ab heute, und schenke diesen Menschen deine Liebe und dein Mitgefühl, indem du sie ihren eigenen Weg gehen, ihre eigenen Erfahrungen machen lässt, aus denen heraus sie dann ihre Entscheidungen treffen können, selbst zum Schöpfer zu werden!

4. Verbinde dich mit deinem Körper, deinem Verstand und deinem Göttlichen Bewusstsein, und erfahre, was es heißt, der Manager zu sein, der Schöpfer, der Eigentümer, deine Entscheidungen zu treffen und die Wahl zu haben. Sei dir dessen jetzt wirklich sicher.

5. Kaufe dir einen schönen neuen Kugelschreiber, und unterschreibe das folgende Zertifikat!

Zertifikat für einen Schöpfer

Ich nehme es ganz bewusst an, ich akzeptiere es und ich umarme die Tatsache, dass ich die Schöpferin/der Schöpfer meines Lebens und all meiner Manifestationen bin. Ich habe für mich gewählt, eine Managerin/ein Manager zu sein, und ich übernehme diese Verantwortung aus ganzem Herzen.

Ich übernehme die volle Verantwortung.

X _____

Die Rückverbindung durch Trance

Es wäre am besten, wenn du einen lieben Menschen bittest, diese Übung mit dir gemeinsam durchzuführen. Natürlich bewirkt auch das Lesen bereits etwas, doch die besten Resultate wirst du spüren, wenn du dich zurücklehnen kannst, während die andere Person den Text laut vorliest.

Es geht darum, dass sich dein Unterbewusstsein vollkommen für das reine Bewusstsein öffnen kann und lernt, sich automatisch auf dieses reine Bewusstsein zu fokussieren. Das Ergebnis wird sein, dass du dich in Frieden und vollkommen verbunden fühlen wirst.

Gib nun der Person deines Vertrauens dieses Buch, und lehne dich zurück. Folge genau den Anweisungen, die die Person dir gibt, und stelle dir alles vor, was sie dir beschreibt. Schließe dabei einfach deine Augen, und genieße die folgende Zeit. Du wirst später Folgendes hören: »Ich werde dich jetzt zurückbringen, indem ich von eins bis fünf zähle. Bei fünf wirst du deine Augen öffnen und dich vollkommen glücklich und gesegnet fühlen und sicher, dass du die Kraft hast, zu entspannen, und du wirst dir vollkommen bewusst sein, wie gut du dich auf jede denkbare Weise fühlst.« Und erst dann öffnest du deine Augen wieder. Atme einmal tief durch, und wir fangen an ...

Liebe Person des Vertrauens. Du hast nun bald einen tiefen Zugang zum Unterbewusstsein deines Gegenübers. Deswegen möchte ich dich bitten, dir dieser Verantwortung bewusst zu sein und einfach nur diese Worte zu lesen, die du hier liest. Sorge dafür, dass ihr nicht gestört werdet und du auf jeden Fall die Zeit hast, diesen Text bis zu Ende zu lesen. Das kann je nach Geschwindigkeit bis zu einer Dreiviertelstunde dauern. Bitte lies nicht zu schnell, und lies deutlich. Dein Übungspartner soll dir folgen können, jedoch muss er nicht verstehen, was du da sagst. Das Ziel ist es, den kritischen Verstand zu umgehen und ihn quasi mit diesen vielen Worten vollständig zu überfordern, sodass er irgendwann sagt: Ich wehre mich jetzt nicht mehr. Dann haben wir genau den Punkt erreicht, um den es in dieser Übung geht: Wir wollen die Wächter des unterbewussten Geistes zum Schlafen bringen und die Türen weit öffnen können, um das, was verändert werden möchte, um in das reine Gefühl und das reine Bewusstsein zu gelangen, tatsächlich auf der tiefsten inneren Ebene zu erreichen. Fange nun einfach an, laut vorzulesen, und tue dies mit einer sanften und doch kraftvollen Stimme.

»Lasse uns beginnen, indem du deine Augen schließt. Das ist für dich ein Zeichen, dass du hundertprozentig dafür offen bist, in eine tiefe Entspannung zu gehen, schneller, als du es dir jetzt vielleicht vorstellen kannst. So, als ob du in einen tiefen Schlaf fällst, aber vollkommen in der Lage bist, meiner Stimme zu lauschen. Dein Körper wird ganz entspannt und vollkommen locker sein und sich wohlfühlen. So wird es sein. Nicke jetzt mit dem Kopf, wenn du bereit bist, in eine tiefe Entspannung zu gehen. Und es fühlt sich sicher an für dich, deinen Körper vollkommen zu entspannen, während ich dich führe und dir alle Botschaften gebe, die du benötigst, um deinen Körper vollkommen zu entspannen und vollkommen offen für die positiven Veränderungen in deinem Inneren und in deinem Leben zu sein. Ich möchte, dass du nun sehr aufmerksam bist, während ich beginne, direkt mit deinem Unterbewusstsein zu sprechen. Immer, wenn ich die Wörter ›tiefer‹ oder ›entspanne‹ sage, wird dein Körper eine warme Welle von entspannender Energie fühlen, die durch ihn hindurchgeht. Wir beginnen bei deinen Füßen, und gehen den ganzen Weg nach oben zu deinem Kopf. Jedes Mal, wenn wir das machen, wird es für dich immer stärker und einfacher. Entspannung ist das reinste Vergnügen für dich, reines Loslassen von allen Anspannungen und allem Stress in deinem Leben, sodass es zu einer sehr freudvollen Erfahrung für dich wird. Jedes Mal, wenn wir das machen, wirst du mehr Freude in deinem Leben erfahren, mehr Vergnügen haben, und dein Leben wird sich viel besser anfühlen. Du wirst das reine Gefühl als Basis, Wunder zu vollbringen, schon bald ganz tief in deinem Inneren spüren. Schon bald wirst du immer stärker die Gelassenheit und den Frieden wahrnehmen und sie zu einem Gefühl werden lassen, das deinen Alltag bestimmt. So will also jetzt jeder Teil von dir entspannen und von allen Blockaden, Sabotagemustern und einschränkenden Glaubensmustern loslassen. Jeder Teil möchte sich für dein volles Potenzial und das reine Bewusstsein öffnen. Fühle dieses Verlangen tief in dir auf allen Ebenen immer stärker werden. In einem kurzen Moment werde ich von eins bis zehn zählen, und wir werden dann gemeinsam jeden Teil deines Körpers entspannen, ganz fein und leicht. Und bei zehn wirst du dann in einer tiefen, tiefen Entspannung sein. Du bist dann vollkommen offen dafür, all die positiven Botschaften zu empfangen, die dir helfen werden, in jeder Weise dein Leben zu transformieren. Wenn du später in das Hier und Jetzt zurückkehrst, wirst du dich erfrischt, vital und vollkommen mit deinem Leben verbunden fühlen.

Eins ... Bringe deine Aufmerksamkeit nun zu deinen Füßen, und lasse sie entspannen. Fühle, wie sie sich entspannen. Sie entspannen sich jetzt vollkommen und vollständig, während dein Geist tiefer und tiefer geht. Deine Füße entspannen sich mehr und mehr, und immer wenn ich die Wörter ›entspanne‹

oder ›tiefer‹ sage, entsteht eine Welle von Energie in deinen Fußsohlen und entspannt deinen ganzen Körper, mehr und mehr, tiefer und tiefer. Fühle, wie die Entspannung jetzt durch deinen Körper fließt. Tiefer und tiefer, als ob er jetzt in einen tiefen Schlaf fällt. Bei zehn wird dein Körper so tief entspannt sein, dass es scheint, als ob du in einem tiefen Schlaf wärst. Vollkommen wachsam wirst du weiter meiner Stimme in ein neues Leben voller Freude und tief in das reine Bewusstsein folgen. Tiefer jetzt, lasse los, und gehe tiefer. Du machst das ganz wunderbar.

Zwei ... Bringe deine Aufmerksamkeit nun von deinen Füßen zu deinen Waden und weiter nach oben zu deinen Knien. Du möchtest diese Körperbereiche nun entspannen. Fühle, wie sie sich entspannen, weil du sie entspannen möchtest. Sie entspannen sich jetzt, vollkommen und vollständig, während dein Geist tiefer und tiefer geht. Deine Beine entspannen sich mehr und mehr, und immer wenn ich die Wörter ›entspanne‹ oder ›tiefer‹ sage, entsteht eine Welle von Energie in deinen Fußsohlen und entspannt deinen ganzen Körper, mehr und mehr, tiefer und tiefer. Fühle, wie die Energie der Entspannung jetzt durch deinen Körper fließt. Tiefer und tiefer, als ob er jetzt in einen tiefen Schlaf fällt. Bei zehn wird dein Körper so tief entspannt sein, dass es scheint, als ob du in einem tiefen Schlaf wärst. Vollkommen wachsam wirst du weiter meiner Stimme in ein neues Leben voller Freude und tief in das reine Bewusstsein folgen. Tiefer jetzt, lasse los, und gehe tiefer. Du machst das ganz wunderbar.

Drei ... Bringe deine Aufmerksamkeit nun von deinen Knien zu deinen Oberschenkeln und weiter nach oben zu deinen Hüften. Du möchtest diese Körperbereiche entspannen. Fühle, wie sie sich entspannen, weil du sie entspannen möchtest. Sie entspannen sich jetzt vollkommen und vollständig, während dein Geist tiefer und tiefer geht. Deine Beine entspannen sich mehr und mehr, und immer wenn ich die Wörter ›entspanne‹ oder ›tiefer‹ sage, entsteht eine Welle von Energie in deinen Fußsohlen und entspannt deinen ganzen Körper, mehr und mehr, tiefer und tiefer. Fühle, wie die Energie der Entspannung jetzt durch *deinen Körper fließt. Tiefer und tiefer, als ob er jetzt in einen tiefen Schlaf fällt. Bei zehn wird dein Körper so tief entspannt sein, dass es scheint, als ob du in einem tiefen Schlaf wärst. Vollkommen wachsam wirst du weiter meiner Stimme in ein neues Leben voller Freude und tief in das reine Bewusstsein folgen. Tiefer jetzt, lasse los, und gehe tiefer. Du machst das ganz wunderbar.*

Vier ... Bringe deine Aufmerksamkeit nun zu deiner Wirbelsäule und den vielen Muskeln in deinem Rücken, den ganzen Weg hinauf zu deinem Nacken und deinen Schultern. Entspanne, und lasse jetzt los. Du möchtest diese Körperbereiche nun entspannen. Fühle, wie sie sich entspannen, weil du sie entspannen möchtest. Sie entspannen sich jetzt vollkommen und vollständig, während dein Geist tiefer und tiefer geht. Deine Wirbelsäule und deine Rückenmuskeln entspannen sich mehr und mehr, und immer wenn ich die Wörter ›entspanne‹ oder ›tiefer‹ sage, entsteht eine Welle von Energie in deinen Fußsohlen und entspannt deinen ganzen Körper, mehr und mehr, tiefer und tiefer. Fühle, wie die Energie der Entspannung jetzt durch deinen Körper fließt. Tiefer und tiefer, als ob er jetzt in einen tiefen Schlaf fällt. Bei zehn wird dein Körper so tief entspannt sein, dass es scheint, als ob du in einem tiefen Schlaf wärst. Vollkommen wachsam wirst du weiter meiner Stimme in ein neues Leben voller Freude und tief in das reine Bewusstsein folgen. Tiefer jetzt, lasse los, und gehe tiefer. Du machst das ganz wunderbar.

Fünf ... Bringe deine Aufmerksamkeit nun in deinen Bauchraum. Alle Organe in deinem Bauchraum entspannen sich jetzt. Und nicht nur das: Sie heilen und regenerieren jetzt und lassen allen Stress und alle Krankheiten los. Du möchtest, dass sich alle Organe jetzt entspannen. Fühle, wie sie sich entspannen, weil du sie entspannen möchtest. Sie entspannen sich jetzt vollkommen und vollständig, während dein Geist tiefer und tiefer geht. Dein Körper entspannt sich mehr und mehr, und immer wenn ich die Wörter ›entspanne‹ oder ›tiefer‹ sage, entsteht eine Welle von Energie in deinen Fußsohlen und entspannt deinen ganzen Körper, mehr und mehr, tiefer und tiefer. Fühle, wie die Energie der

Entspannung jetzt durch deinen Körper fließt. Tiefer und tiefer, als ob er jetzt in einen tiefen Schlaf fällt. Bei zehn wird dein Körper so tief entspannt sein, dass es scheint, als ob du in einem tiefen Schlaf wärst. Vollkommen wachsam wirst du weiter meiner Stimme in ein neues Leben voller Freude und tief in das reine Bewusstsein folgen. Tiefer jetzt, lasse los, und gehe tiefer. Du machst das ganz wunderbar.

Sechs ... Bringe deine Aufmerksamkeit nun zu deiner Brustgegend. Alle Organe in deiner Brust, dein Herz und deine Lungen, entspannen sich jetzt. Und nicht nur das: Sie heilen und regenerieren jetzt und lassen allen Stress und alle Krankheiten los. Du möchtest, dass diese Organe sich entspannen. Fühle, wie sie sich entspannen, weil du sie entspannen möchtest. Sie entspannen sich jetzt vollkommen und vollständig, während dein Geist tiefer und tiefer geht. Dein Körper entspannt sich mehr und mehr, und immer wenn ich die Wörter ›entspanne‹ oder ›tiefer‹ sage, entsteht eine Welle von Energie in deinen Fußsohlen und entspannt deinen ganzen Körper, mehr und mehr, tiefer und tiefer. Fühle, wie die Energie der Entspannung jetzt durch deinen Körper fließt. Tiefer und tiefer, als ob er jetzt in einen tiefen Schlaf fällt. Bei zehn wird dein Körper so tief entspannt sein, dass es scheint, als ob du in einem tiefen Schlaf wärst. Vollkommen wachsam wirst du weiter meiner Stimme in ein neues Leben voller Freude und tief in das reine Bewusstsein folgen. Tiefer jetzt, lasse los, und gehe tiefer. Du machst das ganz wunderbar.

Sieben ... Bringe deine Aufmerksamkeit nun noch einmal zu deinen Schultern und deinem Nacken. Diese Körperbereiche entspannen sich jetzt und lassen jetzt allen Stress und alle Negativität los. Du möchtest diese Körperbereiche entspannen. Fühle, wie sie sich entspannen, weil du sie entspannen möchtest. Sie entspannen sich jetzt vollkommen und vollständig, während dein Geist tiefer und tiefer geht. Dein Körper entspannt sich mehr und mehr, und immer wenn ich die Wörter ›entspanne‹ oder ›tiefer‹ sage, entsteht eine Welle von Energie in deinen Zehen und entspannt deinen ganzen Körper, mehr und mehr, tiefer und tiefer. Fühle, wie die Energie der Entspannung jetzt durch deinen Körper fließt. Tiefer und tiefer, als ob er jetzt in einen tiefen Schlaf fällt. Bei zehn wird dein Körper so tief entspannt sein, dass es scheint, als ob du in einem tiefen Schlaf wärst. Vollkommen wachsam wirst du weiter meiner Stimme in ein neues Leben voller Freude und tief in das reine Bewusstsein folgen. Tiefer jetzt, lasse los, und gehe tiefer. Du machst das ganz wunderbar.

Acht ... Bringe deine Aufmerksamkeit nun zu deine Armen und deinen Händen, und lasse nun allen Stress deines Alltags los. Du willst, dass sich deine Arme und deine Hände entspannen. Fühle, wie sie sich entspannen, weil du sie entspannen möchtest. Sie entspannen sich jetzt vollkommen und vollständig, während dein Geist tiefer und tiefer geht. Dein Körper entspannt sich mehr und mehr, und immer wenn ich die Wörter ›entspanne‹ oder ›tiefer‹ sage, entsteht eine Welle von Energie in deinen Fußsohlen und entspannt deinen ganzen Körper, mehr und mehr, tiefer und tiefer. Fühle, wie die Energie der Entspannung jetzt durch deinen Körper fließt. Tiefer und tiefer, als ob er jetzt in einen tiefen Schlaf fällt. Bei zehn wird dein Körper so tief entspannt sein, dass es scheint, als ob du in einem tiefen Schlaf wärst. Vollkommen wachsam wirst du weiter meiner Stimme in ein neues Leben voller Freude und tief in das reine Bewusstsein folgen. Tiefer jetzt, lasse los, und gehe tiefer. Du machst das ganz wunderbar.

Neun ... Bringe deine Aufmerksamkeit nun zu deinem Kopf und deiner Kopfhaut. Fühle, wie dein Kopf und dein Gesicht sich jetzt ganz und vollkommen entspannen. Und sie verjüngen sich, weil sie nun allen Stress und alle Negativität loslassen und dein Gehirn alle einschränkenden Glaubensmuster erlösen kann, während dein Geist tiefer und tiefer geht. Bei zehn wird dein Körper so tief entspannt sein, dass es scheint, als ob du in einem tiefen Schlaf wärst. Vollkommen wachsam wirst du weiter meiner Stimme in ein neues Leben voller Freude und tief in das reine Bewusstsein folgen. Tiefer jetzt, lasse los, und gehe tiefer. Du machst das ganz wunderbar.

Zehn ... Vollkommen entspannt, wie in einem tiefen Schlaf jetzt. Sehr gut, du machst das großartig. Dein Körper ist nun nicht nur vollkommen entspannt, sondern er regeneriert jetzt und kehrt in vollkommene Balance zurück. Dein Körper verjüngt sich jetzt, er entgiftet sich selbst von allen Toxinen. Wenn du aufwachst, wirst du das Bedürfnis haben, viel Wasser zu trinken, um alle diese Toxine aus deinem Körper auszuleiten. Ein starkes Bedürfnis nach Wasser wird bei dir bleiben, sodass du weißt, dass, wann auch immer du Wasser trinkst, du dich verjüngst und dein Körper heilt. Das ist richtig, dein Körper wird sich jedes Mal, wenn er reines stilles Wasser bekommt, besser und jünger fühlen.

Und es ist jetzt an der Zeit, dir vorzustellen, wie ein strahlendes rot-goldenes Licht zurückfließt in deine Herzgegend. Visualisiere, wie dein Herzzentrum von dem roten kristallinen Licht der 12. Dimension überfließt. Und stelle dir jetzt vor, wie das rote Licht aus deinem Herzzentrum hinausfließt und sich um deinen Körper in einem schützenden Kristall von strahlendem rot-goldenem göttlichem Licht hüllt. Und du bist jetzt vollkommen beschützt. Vollkommen beschützt. So stelle dir jetzt vor, wie 12 Meister um dich herum stehen. Alle sind deine Schutzengel für diese Sitzung. Fühle ihre Präsenz und ihre Kraft überall um dich herum. Du bist beschützt, und ihre Energie ist jetzt überall um dich herum. Sie erschafft eine äußere Schicht von Meisterenergie, die für jegliche negative Energie und jegliches Leiden undurchdringbar ist. Und wenn du diese Worte jetzt hörst, ist das gleichzeitig eine Rückverbindung in das Quantenfeld der kristallinen Dimension. Du hörst nun meine Worte, und du spürst, dass es die Worte von kraftvollen Lichtwesen sind, die du jetzt überall um dich herum fühlst. Und dieses Gefühl gibt dir jetzt noch mehr Sicherheit, sodass du ganz und gar entspannen kannst.

Du kannst jetzt tief entspannen. Du bist vollkommen geschützt für den Rest deines Lebens. Mit deiner Erlaubnis werden diese Meisterinnen und Meister Tag und Nacht bei dir sein. Fühle sie, heiße sie willkommen, du bist vollkommen sicher. Während du diese Worte hörst, wirst du so sicher sein wie noch nie, und du wirst jetzt in der Lage sein, deine Seele zu heilen, sodass alle Krankheits-

auswirkungen aus vergangenen Leben innerhalb von Minuten ganz leicht geheilt werden können. Ja, du hörst richtig.

Und wenn du dich weiter auf den Klang meiner Stimme fokussierst, werde ich dich nach unten zählen, tief nach unten. So sieh dich innerlich wirklich in einer Situation, in der du nach unten gehst. Du gehst eine Treppe hinunter, du gehst einen Berg hinunter, du gehst an der Seite einer Pyramide hinunter, oder wie auch immer du jetzt nach unten gehen willst. Bei eins wirst du vollen Zugang zu deinem höchsten reinen Bewusstsein haben, und du kannst dich lebhaft an das reinste Bewusstsein erinnern und dich leicht mit deinem Höchsten Seelenselbst verbinden.

Sieben ... Tiefer, tiefer, tiefer nach unten, nach unten, nach unten.

Sechs ... Tiefer, tiefer, dein Körper wird hinuntergezogen und wird schwerer und schwerer. Dein Höchstes Selbst wird in der Lage sein, mit dir durch Zeit und Raum zu reisen. Dorthin, wo es notwendig ist, um die erforderliche Information des reinsten Gefühls zu erhalten. Lasse los, gehe hinunter und tiefer, ständig tiefer und hinunter.

Fünf ... Tiefer, tiefer, tiefer nach unten, nach unten, weiter nach unten.

Vier ... Tiefer, tiefer, dein Körper wird schwerer und schwerer, während dein Höchstes Selbst leichter und leichter wird. Lasse los, gehe hinunter und tiefer, ständig tiefer und hinunter.

Drei ... Tiefer, tiefer, tiefer, nach unten, nach unten, tiefer nach unten.

Zwei ... Tiefer, tiefer, dein Körper wird hinuntergezogen und wird schwerer und schwerer, sodass du außerhalb deines Körpers reisen kannst. Dein Höchstes Selbst wird in der Lage sein, mit dir durch Zeit und Raum zu reisen. Dorthin, wo es notwendig ist, um die erforderliche Information des reinsten Gefühls zu erhalten. Lasse los, gehe hinunter und tiefer, ständig tiefer und hinunter.

Eins ... du bist jetzt entspannt und fühlst dich wohl, und du fühlst dich tief entspannt. Du hast jetzt vollen Zugang zu deiner Seelenerinnerung, und du kannst dich lebhaft an frühere Erlebnisse und Geschehnisse erinnern, in denen

*du bereits in diesem reinen Gefühl des Quantenbewusstseins warst, und du
kannst dich leicht mit deinem Höheren Selbst verbinden.*

*Doch lasse uns jetzt noch etwas tiefer gehen, tiefer jetzt. Bei eins bist du so
tief, dass es leicht für dich sein wird, durch Zeit und Raum zum reinsten Gefühl
zu reisen und das zu erleben, was darauf wartet, erlebt zu werden. Das ist richtig, lasse es uns noch mal machen und tiefer gehen. Ich werde noch einmal von
sieben bis eins rückwärts zählen, und du wirst deine Entspannung und deinen
Zugang zu deiner Seele und deinem Göttlichen Selbst mehr als verdoppeln.*

Sieben ... Tiefer, tiefer, tiefer.

Sechs ... Tiefer, tiefer, tiefer.

Fünf ... Tiefer, tiefer, tiefer nach unten, nach unten, nach unten.

*Vier ... Tiefer, tiefer, dein Körper wird schwerer und schwerer. Dein astrales
Selbst wird leichter und leichter.*

Drei ... Tiefer, tiefer, tiefer nach unten, nach unten, nach unten.

*Zwei ... Tiefer, tiefer, dein Höchstes Selbst wird mit vollem Bewusstsein jetzt in
der Lage sein, durch Zeit und Raum zu reisen. So weit zurück, wie es notwendig
ist, um all die erforderlichen Informationen des reinsten Gefühls, der Liebe und
des Friedens zu erhalten.*

*Eins ... du bist jetzt entspannt und fühlst dich wohl, und du fühlst dich tief
entspannt und vollkommen bereit, zurückzugehen zu jedem Zeitpunkt in deinen
Leben.*

*Du hast jetzt vollen Zugang zu deiner Seelenerinnerung, und du kannst dich
lebhaft an frühere Geschehnisse erinnern und dich leicht mit deinem Höheren
Selbst verbinden.*

*Im Gedächtnis deines Unterbewusstseins ist eine Erinnerung an alles, was du
jemals gefühlt hast. Und es ist an der Zeit, über die Ebenen des Bewusstseins
hinauszugehen und in die allwissenden Ebenen deines Höheren Geistes aufzu-
steigen.*

Ich werde in einem Augenblick von eins bis sieben zählen, und wenn ich das mache, stelle dir vor und visualisiere lebhaft, wie du nun ein paar Stufen hinaufgehst. Du kannst dich sogar hören, wie du die Stufen hinaufgehst, während wir zählen. Stelle dir wunderschöne Stufen aus Marmor oder Stein vor oder eine Holztreppe. Ich überlasse es dir, dir die Stufen in der Weise vorzustellen, wie sie JETZT in dir erscheinen. So mache diese Erfahrung real, so real wie möglich. Fühle sogar die Anstrengung in deinen Beinmuskeln, während du hinaufsteigst, immer weiter nach oben aufsteigst.

Eins ... du lässt die Realität los und steigst hinauf. Du gehst auf deinem Weg in das reinste Gewahrsein höher und immer höher. Lasse alle irdischen Belange los, während du aufsteigst.

Zwei ... du steigst höher und höher in die allwissenden Ebenen deines Geistes. Du gehst über die Ebenen deines Bewusstseins hinaus, während du die Stufen emporsteigst. Gehe höher, und während du meiner Stimme lauschst, nimmst du ein Gefühl wahr, höher und höher zu gehen, leichter und leichter zu werden. Ja, es wird mit jeder Zahl leichter für dich.

Drei ... du fühlst dich leichter und leichter, leichter und leichter, während du aufsteigst. Die Umgebung wird immer beruhigender, und du beginnst ein inneres rot-goldenes Leuchten wahrzunehmen, während du in die allwissende Geistesebene aufsteigst. Dieses rot-goldene Licht erfüllt dich mit Glück, und du kannst auch ein Gefühl von tiefer bedingungsloser Liebe empfinden. Während du höher und höher gehst, fühlst du dich so, wie du bist, mehr geliebt und mehr akzeptiert. Das ist richtig, gehe jetzt einfach immer höher.

Vier ... Das rot-goldene Licht wird immer intensiver, während du nun aufsteigst. Steige auf, höher und höher und höher. Jetzt erkennst du, dass du dich in einem rot-goldenen durchscheinenden Lichtkristall befindest. Wie ein Tempel, groß und schön. Du bist an diesem besonderen Ort von rotem und goldenem Licht umgeben, und hier fühlst du dich vollkommen geliebt.

Fünf ... du lässt alles los, was du als menschliches Wesen weißt, und öffnest dich für das allumfassende Wissen und die göttliche Weisheit. Es fühlt sich gut an, denn es gibt hier nur eine Liebe, umgeben von rotem und goldenem heilendem Licht. Steige hinauf, steige hinauf, steige auf und gehe über die Ebenen des Bewusstseins hinaus, während du in das universelle Licht der Lebensenergie eintrittst und in tiefen Kontakt mit der Quelle des reinsten Gefühls kommst.

Sechs ... du bist gleich da. Und du fühlst deinen Körper kaum mehr, während du zu deinem Höheren Selbst aufsteigst. Du wurdest leichter und leichter, bist jetzt vollkommen durchscheinend. Du bist das rot-goldene Leuchten von Energie. Du betrittst jetzt deinen göttlichen Körper aus Licht. Es fühlt sich gut an. Lasse deinen physischen Körper los, und vereine dich jetzt mit dem göttlichen Körper des universellen Lichts.

Sieben ... du bist jetzt da, vollkommen umgeben von einer rot-goldenen Energie der Weisheit und der tiefen Liebe. Und auch wenn du dich jetzt anders fühlst, hast du dich hinaus in die göttlichen Ebenen des Geistes bewegt. Und du hast über deine höchste Wahrnehmung alles Wissen deiner Seelenvergangenheit und einen Überblick über dein aktuelles Leben. Nimm die Umgebung wahr, du fühlst dich sicher und wohl.

Du bist in deinem Höheren Selbst, und ich fordere deinen spirituellen Geistführer und deine Engel auf, bei uns zu sein. Und auch du solltest deinen spirituellen Geistführer und deine Engel bitten, bei uns zu sein. So rufe sie im Stillen in deinem Geiste. Höre das Echo deiner Stimme durch das ganze Universum zu dir zurückhallen.

(10 Sekunden Stille)

Dein spiritueller Geistführer und dein Engel sind nun hier. Und es ist jetzt an der Zeit, auch die Meisterinnen und Meister der 12. Dimension hereinzurufen. Sie werden dich mit dem reinsten Gefühl der Liebe und des wahrhaftigen Seins in Verbindung bringen. Rufen wir diese spirituellen Kraftwesen also jetzt einzeln herein, und sie werden stark in ihrer Präsenz sein, sodass du sie tatsächlich spüren kannst. So konzentriere dich jetzt in diesem Moment auf die Region zwischen deinem Rektum und deinem Steißbein. Visualisiere in diesem Bereich einen roten Kris-

tall, lasse ihn hell aufleuchten, und spüre die Kraft der Heilung. Sieh, dass ein Meister vor dir steht. Sein Name ist Randalf. Spüre und sieh seine göttliche Präsenz, nimm sie ganz tief in jede einzelne deiner Zellen auf. Spüre sie in jedem einzelnen Organ. Dein ganzer Körper vibriert im roten Licht der Heilung. Höre im Inneren und in deinem Geiste die Botschaft, die Randalf dir zu überbringen hat: ›Ich habe den Mut, mich selbst zu lieben!‹ Wiederhole es immer wieder in deinem Geiste: ›Ich habe den Mut mich selbst zu lieben! Ich habe den Mut mich selbst zu lieben! Ich habe den Mut mich selbst zu lieben!‹ Höre, wie das Echo dieser Botschaft durch dich hindurchdringt.

(10 Sekunden Stille)

So konzentriere dich jetzt in diesem Moment auf die Region im Bereich des Unterbauchs. Visualisiere in diesem Bereich einen roten Kristall, lasse ihn hell aufleuchten, und spüre die Vereinigung und Ausbalancierung. Sieh, wie eine Meisterin vor dir steht. Ihr Name ist Isabel. Spüre und sieh ihre göttliche Präsenz, nimm sie ganz tief in jede einzelne deiner Zellen auf. Spüre sie in jedem einzelnen Organ. Dein ganzer Körper vibriert im roten Licht der Ausbalancierung der weiblichen Kraft mit einem männlichen Aspekt. Höre im Inneren und in deinem Geiste die Botschaft, die Isabel dir zu überbringen hat: ›Ich habe den Mut zu genießen!‹ Wiederhole es immer wieder in deinem Geiste: ›Ich habe den Mut zu genießen! Ich habe den Mut zu genießen! Ich habe den Mut zu genießen!‹ Höre, wie das Echo dieser Botschaft durch dich hindurchdringt.

(10 Sekunden Stille)

So konzentriere dich jetzt in diesem Moment auf die Region um deinen Bauchnabel. Visualisiere in diesem Bereich einen roten Kristall, lasse ihn hell aufleuchten, und spüre die Energie von Wohlstand und Überfluss. Sieh, dass nun ein Meister vor dir steht. Sein Name ist Petar. Spüre und sieh seine göttliche Präsenz, nimm sie ganz tief in jede einzelne deiner Zellen auf. Spüre sie in jedem einzelnen Organ. Dein ganzer Körper vibriert im roten Licht der finanziellen Fülle, des Wohlstandes und des Überflusses. Höre im Inneren und in deinem Geiste

die Botschaft, die Petar dir zu überbringen hat: ›Ich habe den Mut, mich kraft-
voll und wertvoll zu fühlen!‹ Wiederhole es immer wieder in deinem Geiste: ›Ich
habe den Mut, mich kraftvoll und wertvoll zu fühlen! Ich habe den Mut, mich
kraftvoll und wertvoll zu fühlen! Ich habe den Mut, mich kraftvoll und wertvoll
zu fühlen!‹ Höre, wie das Echo dieser Botschaft durch dich hindurchdringt.

(10 Sekunden Stille)

So konzentriere dich jetzt in diesem Moment auf die Region um deine Brustmitte.
Visualisiere in diesem Bereich einen roten Kristall, lasse ihn hell aufleuchten und
spüre die Liebe der Göttlichen Mutter. Sieh, dass nun eine Meisterin vor dir steht.
Ihr Name ist Hannah. Spüre und sieh ihre göttliche Präsenz, nimm sie ganz tief in
jede einzelne deiner Zellen auf. Spüre sie in jedem einzelnen Organ. Dein ganzer
Körper vibriert im roten Licht der Liebe der Göttlichen Mutter. Höre im Inneren
und in deinem Geiste die Botschaft, die Hannah dir zu überbringen hat: ›Ich habe
den Mut, voll und ganz ich selbst zu sein!‹ Wiederhole es immer wieder in deinem
Geiste: ›Ich habe den Mut, voll und ganz ich selbst zu sein! Ich habe den Mut, voll
und ganz ich selbst zu sein! Ich habe den Mut, voll und ganz ich selbst zu sein!‹
Höre, wie das Echo dieser Botschaft durch dich hindurchdringt.

(10 Sekunden Stille)

So konzentriere dich jetzt in diesem Moment auf die Region um deinen Hals.
Visualisiere in diesem Bereich einen roten Kristall, lasse ihn hell aufleuchten
und spüre die Klarheit. Sieh, dass nun ein Meister vor dir steht. Sein Name ist
Mikael. Spüre und sieh seine göttliche Präsenz, nimm sie ganz tief in jede ein-
zelne deiner Zellen auf. Spüre sie in jedem einzelnen Organ. Dein ganzer Körper
vibriert im roten Licht der Klarheit. Höre im Inneren und in deinem Geiste die
Botschaft, die Mikael dir zu überbringen hat: ›Ich habe den Mut, an mich selbst
zu glauben!‹ Wiederhole es immer wieder in deinem Geiste: ›Ich habe den Mut,
an mich selbst zu glauben! Ich habe den Mut, an mich selbst zu glauben! Ich
habe den Mut, an mich selbst zu glauben!‹ Höre, wie das Echo dieser Botschaft
durch dich hindurchdringt.

(10 Sekunden Stille)

So konzentriere dich jetzt in diesem Moment auf die Region in der Mitte deines Kopfes. Visualisiere in diesem Bereich einen roten Kristall, lasse ihn hell aufleuchten und spüre die Wahrheit und Integrität. Sieh, dass nun ein Meister vor dir steht. Sein Name ist Roland. Spüre und sieh seine göttliche Präsenz, nimm sie ganz tief in jede einzelne deiner Zellen auf. Spüre sie in jedem einzelnen Organ. Dein ganzer Körper vibriert im roten Licht der Wahrheit und Integrität. Höre im Inneren und in deinem Geiste die Botschaft, die Roland dir zu überbringen hat: ›Ich habe den Mut, meinem Ich-Bin zu folgen!‹ Wiederhole es immer wieder in deinem Geiste: ›Ich habe den Mut, meinem Ich-Bin zu folgen! Ich habe den Mut, meinem Ich-Bin zu folgen! Ich habe den Mut, meinem Ich-Bin zu folgen!‹ Höre, wie das Echo dieser Botschaft durch dich hindurchdringt.

(10 Sekunden Stille)

So konzentriere dich jetzt in diesem Moment auf die Region auf deiner Schädeldecke. Visualisiere in diesem Bereich einen roten Kristall, lasse ihn hell aufleuchten, und spüre das Einssein. Sieh, dass nun ein Meister vor dir steht. Sein Name ist Utamah. Spüre und sieh seine göttliche Präsenz, nimm sie ganz tief in jede einzelne deiner Zellen auf. Spüre sie in jedem einzelnen Organ. Dein ganzer Körper vibriert im roten Licht des Einsseins. Höre im Inneren und in deinem Geiste die Botschaft, die Utamah dir zu überbringen hat: ›Ich habe den Mut, mich meiner Ekstase und meiner Lebenspassion ganz hinzugeben!‹ Wiederhole es immer wieder in deinem Geiste: ›Ich habe den Mut, mich meiner Ekstase und meiner Lebenspassion ganz hinzugeben! Ich habe den Mut, mich meiner Ekstase und meiner Lebenspassion ganz hinzugeben! Ich habe den Mut, mich meiner Ekstase und meiner Lebenspassion ganz hinzugeben!‹ Höre, wie das Echo dieser Botschaft durch dich hindurchdringt.

(10 Sekunden Stille)

So konzentriere dich jetzt in diesem Moment auf deine linke Handfläche. Visualisiere in diesem Bereich einen roten Kristall, lasse ihn hell aufleuchten, und spüre die Rückverbindung an dein Akashawissen. Sieh, dass nun eine Meisterin vor dir steht. Ihr Name ist Ensha. Spüre und sieh ihre göttliche Präsenz, nimm sie ganz tief in jede einzelne deiner Zellen auf. Spüre sie in jedem einzelnen Organ. Dein ganzer Körper vibriert im roten Licht deines eigenen Akashawissens. Höre im Inneren und in deinem Geiste die Botschaft, die Ensha dir zu überbringen hat: ›Ich habe den Mut, meine Lebenspassion zu spüren und dieser vertrauensvoll zu folgen!‹ Wiederhole es immer wieder in deinem Geiste: ›Ich habe den Mut, meine Lebenspassion zu spüren und dieser vertrauensvoll zu folgen! Ich habe den Mut, meine Lebenspassion zu spüren und dieser vertrauensvoll zu folgen! Ich habe den Mut, meine Lebenspassion zu spüren und dieser vertrauensvoll zu folgen!‹ Höre, wie das Echo dieser Botschaft durch dich hindurchdringt.

(10 Sekunden Stille)

So konzentriere dich jetzt in diesem Moment auf deine rechte Handfläche. Visualisiere in diesem Bereich einen roten Kristall, lasse ihn hell aufleuchten, und spüre die Kraft des Segens. Sieh, dass nun eine Meisterin vor dir steht. Ihr Name ist Lilian. Spüre und sieh ihre göttliche Präsenz, nimm sie ganz tief in jede einzelne deiner Zellen auf. Spüre sie in jedem einzelnen Organ. Dein ganzer Körper vibriert im roten Licht der Kraft des Segens. Höre im Inneren und in deinem Geiste die Botschaft, die Lilian dir zu überbringen hat: ›Ich habe den Mut, verspielt zu sein!‹ Wiederhole es immer wieder in deinem Geiste: ›Ich habe den Mut, verspielt zu sein! Ich habe den Mut, verspielt zu sein! Ich habe den Mut, verspielt zu sein!‹ Höre, wie das Echo dieser Botschaft durch dich hindurchdringt.

(10 Sekunden Stille)

So konzentriere dich jetzt in diesem Moment auf deine rechte Fußsohle. Visualisiere in diesem Bereich einen roten Kristall, lasse ihn hell aufleuchten, und spüre den Frieden. Sieh, dass nun ein Meister vor dir steht. Sein Name ist Wolfang. Spüre und sieh seine göttliche Präsenz, nimm sie ganz tief in jede einzelne deiner Zellen auf. Spüre sie in jedem einzelnen Organ. Dein ganzer Körper vibriert im roten Licht des Friedens. Höre im Inneren und in deinem Geiste die

Botschaft, die Wolfang dir zu überbringen hat: ›Ich habe den Mut, offen und verletzlich zu sein!‹ Wiederhole es immer wieder in deinem Geiste: ›Ich habe den Mut, offen und verletzlich zu sein! Ich habe den Mut, offen und verletzlich zu sein! Ich habe den Mut, offen und verletzlich zu sein!‹ Höre, wie das Echo dieser Botschaft durch dich hindurchdringt.

(10 Sekunden Stille)

So konzentriere dich jetzt in diesem Moment auf deine linke Fußsohle. Visualisiere in diesem Bereich einen roten Kristall, lasse ihn hell aufleuchten, und spüre die Weisheit. Sieh, dass nun eine Meisterin vor dir steht. Ihr Name ist Alahna. Spüre und sieh ihre göttliche Präsenz, nimm sie ganz tief in jede einzelne deiner Zellen auf. Spüre sie in jedem einzelnen Organ. Dein ganzer Körper vibriert im roten Licht der Weisheit. Höre im Inneren und in deinem Geiste die Botschaft, die Alahna dir zu überbringen hat: ›Ich habe den Mut, meiner göttlichen Stimme zu vertrauen!‹ Wiederhole es immer wieder in deinem Geiste: ›Ich habe den Mut, meiner göttlichen Stimme zu vertrauen! Ich habe den Mut, meiner göttlichen Stimme zu vertrauen! Ich habe den Mut, meiner göttlichen Stimme zu vertrauen!‹ Höre, wie das Echo dieser Botschaft durch dich hindurchdringt.

(10 Sekunden Stille)

So konzentriere dich jetzt in diesem Moment auf den Mittelpunkt der Erde. Visualisiere dort einen roten Kristall, lasse ihn hell aufleuchten, und spüre den Superflow. Sieh, dass nun ein Meister vor dir steht. Sein Name ist Thano. Spüre und sieh seine göttliche Präsenz, nimm sie ganz tief in jede einzelne deiner Zellen auf. Spüre sie in jedem einzelnen Organ. Dein ganzer Körper vibriert im roten Licht des Superflows. Höre im Inneren und in deinem Geiste die Botschaft, die Thano dir zu überbringen hat: ›Ich habe den Mut, zu glauben, dass meine Absicht das Universum verändert!‹ Wiederhole es immer wieder in deinem Geiste: ›Ich habe den Mut, zu glauben, dass meine Absicht das Universum verändert! Ich habe den Mut, zu glauben, dass meine Absicht das Universum verändert! Ich habe den Mut, zu glauben, dass meine Absicht das Universum verändert!‹ Höre, wie das Echo dieser Botschaft durch dich hindurchdringt.

(10 Sekunden Stille)

Du hast nun alle Meister der 12. Dimension versammelt, die dich ab sofort unterstützen, ein Bewusstsein zu erschaffen, das dir dabei dienlich ist, dich weiterzuentwickeln und ein Schöpfer auf der Erde zu werden. Du kannst mit all den Meistern, die sich hier versammelt haben, in Gedanken kommunizieren und dich von ihnen mit dem reinen Bewusstsein wiederverbinden lassen. Und so genieße noch einen Augenblick das Zusammensein, während ich jetzt weiter tief mit deinem Unterbewusstsein kommuniziere.

Ich werde dich jetzt gleich im Namen der Meister der kristallinen Dimension mit den Qualitäten des reinen Bewusstseins und dem Quantenfeld der Heilung segnen. Jedes dieser Worte wird ganz tief in deinem Unterbewusstsein und deiner DNS verankert werden. Die Segnungen werden tief in deiner DNS schwingen und ein Kraftfeld von Liebe und Dankbarkeit erschaffen. Doch bevor wir das tun, werde ich dich noch intensiver mit deinem Unterbewusstsein und deiner DNS in Verbindung bringen. Ich werde dabei wieder von eins bis zehn zählen, und bei jeder Zahl wird die Verbindung in dein Unterbewusstsein und deine DNS verstärkt und verfeinert. Öffne dich jetzt dafür. Öffne dich, und stelle dir vor, dass dein Unterbewusstsein und deine DNS sich jetzt öffnen wie eine automatische Schiebetüre. Ja, es geschieht jetzt ganz automatisch.

Eins ... Sieh deine Freiheit vor dir, wenn du mit dem reinsten Gefühl des Quantenbewusstseins verbunden bist und es ganz tief in deiner DNS schwingt.

Zwei ... Sogar noch freier, wenn du mit dem reinsten Gefühl des Quantenbewusstseins verbunden bist und es ganz tief in deiner DNS schwingt.

Drei ... Vollkommen frei, wenn du mit dem reinsten Gefühl des Quantenbewusstseins verbunden bist und es ganz tief in deiner DNS schwingt.

Vier ... Freier und freier, wenn du mit dem reinsten Gefühl des Quantenbewusstseins verbunden bist und es ganz tief in deiner DNS schwingt.

Fünf ... Vollkommen frei, wenn du mit dem reinsten Gefühl des Quantenbewusstseins verbunden bist und es ganz tief in deiner DNS schwingt.

Sechs ... Du fühlst dich bereits frei, wenn du mit dem reinsten Gefühl des Quantenbewusstseins verbunden bist und es ganz tief in deiner DNS schwingt.

Sieben ... Du weißt, dass du vollkommen frei bist, wenn du mit dem reinsten Gefühl des Quantenbewusstseins verbunden bist und es ganz tief in deiner DNS schwingt.

Acht ... Du setzt dich zu 100% für die Freiheit ein.

Neun ... Entspanne dich vollkommen, während du tiefer und tiefer gehst, und erlaube all diesen Botschaften, dass sie tief in den unterbewussten Teil deines Gehirns einsinken, wo sie Veränderungen in deiner Denkweise und in deinem Empfinden über dein Leben und deinen Alltag herbeiführen werden.

Zehn ... Inmitten all dieser Botschaften, die du heute hier akzeptierst, fühlst du, wie eine kraftvolle Energie durch meine Stimme zu dir hinfließt und sich mit deiner Energie vervielfältigt. Du spürst, wie sie immer stärker und stärker, immer tiefer und tiefer in deinen Körper, deine Zellen, deine Organe und deine DNS geht. Es ist wieder diese rote, kraftvolle Energie, die dein Unterbewusstsein weiter öffnet und dich jetzt bereits vollkommen mit dem reinsten Gefühl des Quantenbewusstseins wiederverbunden hat.

Fühle diese kristalline Energie in deinem Herzen, fühle, wie sie in deinem Herzen pulsiert, alle deine Chakren sind JETZT in Balance. Fühle diese kristalline Energie in deinem Körper, wie sie in allen Zellen schwingt, alle Meridiane sind JETZT in Balance. Fühle diese kristalline Energie in deinen Zellen, fühle sie in deiner DNS, die ganze DNS ist JETZT in Balance. Fühle diese kristalline Energie in deinem Blut, fühle sie in deinen Arterien, alle deine Blutgefäße sind JETZT in Balance. Fühle diese kristalline Energie in deinen endokrinen Drüsen, wie sie deinen Körper immer jünger und vitaler machen, alle endokrinen Drüsen sind JETZT in Balance. Fühle diese kristalline Energie in deinem Herzen, fühle sie in deinem Gehirn, alle Chakren sind JETZT in Balance. Fühle diese kristalline

Energie in deinem Gehirn, fühle sie in deinem Nervensystem, alle Chakren sind JETZT in Balance. Dein Gehirn bildet JETZT mehr Synapsen für Integrität und Wahrhaftigkeit, ein gesundes langes Leben, Vitalität, Stärke, Mut und Frieden. Liebe Meisterinnen, liebe Meister der 12. Dimension. Segnet diesen Menschen mit strahlender Gesundheit. Wir wollen euren Segen, während wir weiter tief in das reine Bewusstsein gehen. Segnet diese Person mit bedingungsloser Liebe, sodass sie mit dem Leben fließen kann.

Segnet sie mit Freude, und macht ihre Herausforderungen freudvoll, lasst sie klar denken und Veränderungen auf eine großartige, leichte Weise erleben. Wiederverbindet sie mit der kristallinen Matrix der 12. Dimension, sodass sie alle Lektionen, die gelernt werden müssen, mit Gnade, Leichtigkeit und Freude lernen kann. Möge der Rest des Lebens von dieser Person von mehr Segnungen und Millionen von Gründen, dankbar zu sein, erfüllt sein. Göttliches Selbst, liebe Meisterinnen und Meister der 12. Dimension, segnet die Person mit den Qualitäten und der Kraft des roten kristallinen Lichtes. Liebe Meisterinnen und Meister der 12. Dimension, öffnet alle Kanäle dieser Person, sodass sie euer Wissen und eure Weisheit zur praktischen Umsetzung in ihrem Leben empfangen kann und sie jeden Tag mehr und mehr lieben kann. Segnet diesen Menschen, sodass sein Leben leicht, gnadenvoll und freudvoll sein wird.

Jetzt, da du mit deinen reinsten Gefühl des Quantenbewusstseins verbunden bist, wird es jeden Tag einfacher für dich sein, dein Leben mit Gnade, Leichtigkeit und Freude zu leben und vollkommen verbunden mit den Segnungen der Neuen Bewusstheit zu sein. So wirst du deine Herausforderungen mit viel Freude und Gesundheit erleben. Von jetzt an ist das reinste Bewusstsein ein Teil von dir, und es wird jeden Tag leichter und leichter für dich.

Während der kommenden Nacht werden alle diese Segnungen und Botschaften auf allen Ebenen ganz in dich integriert werden. Jeden Morgen, wenn du aufwachst, wirst du mehr und mehr mit deinen göttlichen Ressourcen, deinem göttlichen Selbst und der Kraft der 12. Dimension verbunden sein. Du wirst dich glücklich, gesegnet und voller Dankbarkeit fühlen und deine Großartigkeit immer besser erkennen. Und wenn du wieder in deinem Wachbewusstsein bist, wirst du dich glücklich und gesegnet und vollkommen vertraut mit deinen Fertigkeiten und der Fähigkeit fühlen, Wunder in deinem Alltag zu erleben. Ja, das ist richtig. Wenn du mit deinem reinsten Gefühl und der göttlichen Kraft in dir verbunden bist, wirst du ein Magnet für Heilung und Wunder sein. Und von nun an bist du dauerhaft hundertprozentig verbunden – und das geschieht weiterhin mit Gnade, Leichtigkeit und Freude. Du wirst intuitiv wissen, was zu tun ist, und du sagst die richtigen Worte und führst die richtigen Handlungen aus, um immer schnelle und wundersame Dinge in deinem Alltag zu erleben. Und wenn du selbst spirituelle Arbeit machst, wirst du immer erfolgreicher und besser darin, deine Heilungen und dein Licht für wundersame Veränderungen einzusetzen. Nach dieser Trance-Meditation wirst du vollkommen, zu 100% vertrauen und entspannt in Bezug auf das sein, was du kannst. Denn du bist jetzt mit deinem göttlichen Selbst und dem kristallinem Licht der 12. Dimension verbunden. So ist es, so soll es sein und so wurde es erschaffen.

Alle Teile deines bewussten und unterbewussten Geistes arbeiten jetzt hundertprozentig zusammen, um alle diese Botschaften zu akzeptieren und vollständig in dein Nervensystem und deine DNS zu integrieren. So werden sie zu einem Teil dessen, wer du bist, und du kannst ihnen entsprechend deinen Alltag leben. Du bist zu 100% mit der Energie der Neuen Bewusstheit verbunden, die dich dazu befähigt, bis zu deinem letzten Atemzug auf der Erde deinen Alltag mit Gnade, Leichtigkeit und Freude zu leben. Wenn du gleich in das Hier und Jetzt zurückkehrst, nachdem ich von eins bis fünf gezählt habe, wirst du dich in jeder Weise erfrischt, vital und glücklich fühlen. Wenn du die Augen öffnest, ist das ein Zeichen für dein Gehirn, alle diese positiven Botschaften dauerhaft in deinem Nervensystem und deiner DNS zu versiegeln und alle Segnungen täglich zu erleben.

(10 Sekunden Stille)

Ich bringe dich nun in das Hier und Jetzt zurück, während ich von eins bis fünf zähle. Bei fünf öffnest du deine Augen und fühlst dich vollkommen glücklich, gesegnet und bist dir gewiss, dass du mit dem kraftvollsten Teil deines Seins wiederverbunden wurdest und dass diese Verbindung jeden Tag stärker wird, so lange, bis du dich vollkommen eins damit fühlst, mit deiner riesigen Kraft zu heilen und erfolgreich zu sein. Immer wenn du dich entspannst oder schlafen gehst oder eine Meditation machst, wirst du dich von jetzt an immer mehr mit der kristallinen Kraft der 12. Dimension wiederverbinden. Deine Intuition ist immer vollkommen präsent, und du wirst ihr hundertprozentig vertrauen. Von jetzt an wirst du immer, wenn du in Trance oder in eine Meditation gehst, schneller tiefer in das reine Quantenbewusstsein gehen, und du wirst mit mehr Weisheit wieder auftauchen und jedes Mal mehr mit deinem Göttlichen Selbst und dem kristallinen roten Licht verbunden sein. In den kommenden Tagen wird dies stärker und stärker werden.

Du wirst deine Intuition wahrnehmen, und du vertraust darauf, dass deine Intuition von jetzt an jeden Tag mehr und mehr wächst. Dein Glücklichsein und deine Gesundheit wachsen von nun an mehr und mehr und werden nach dieser Trance-Meditation um ein Vielfaches größer sein als zu Beginn. Bei fünf wirst du deine Augen öffnen, und du wirst dir vollkommen bewusst sein, wie gut du dich auf jede denkbare Weise fühlst. Du fühlst und weißt, dass diese Minuten mit dieser Rückverbindung sehr nützlich für dich waren.

112

Anmerkung an den Vorleser: Falls die Person eingeschlafen ist oder sich ganz tief in Trance befindet, dann solltest du jetzt achtsam dafür sorgen, dass du sie wieder sanft zurückbringst. Falls es nicht von allein geschieht, kannst du sie sanft an der Schulter berühren.

Eins ... Du kommst allmählich aus dieser Trance heraus, und du wirst dir wieder deines Körpers bewusst, und es fühlt sich gut an. Und nicht nur das. Du bist jetzt eine Inspiration für andere, ein Beispiel von jemandem, der mit seinem Höheren Selbst und der Energie der 12. Dimension verbunden ist. Wenn ich bei fünf bin, wirst du ein breites Lächeln auf deinem Gesicht haben, dich großartig, entspannt und glücklich fühlen. Hole bereits das Lächeln auf dein Gesicht, und fühle das reine Gefühl des Glücklichseins.

Zwei ... Fühle jetzt deine Beine und Arme. Es ist wunderschön, deinen Körper wieder zu spüren, und du beginnst zu fühlen, dass du etwas Besonderes herausgefunden hast. Du hast dich auf einfache Weise mit dem reinen Gefühl, mit deinem Höheren Selbst und der kristallinen Kraft wiederverbunden. Du bist so glücklich, dass du bei fünf ein breites Lächeln auf deinem Gesicht hast und dich gut und wohlfühlst.

Drei ... Fühle jetzt deinen Brustkorb, deinen Rücken, deinen Nacken und deine Schultern. Es fühlt sich ganz besonders gut an. Wisse auch, dass dich die letzten Minuten in Trance viel näher zu dir selbst gebracht haben. Näher an deine authentische Kraft, zu dem, was du wirklich bist. Du bist wieder mit deinem Glück in Verbindung, und du fühlst dich gut, du bist voller Selbstvertrauen und Glück.

Vier ... Fühle jetzt deinen ganzen Körper, deinen Kopf und deine Lungen. Nimm einen tiefen Atemzug. Du bist jetzt ein für alle Mal bereit, die volle Kontrolle über dein Leben zu übernehmen. Über deine Gesundheit, dein Glücklichsein und deinen Erfolg. Fühle, wie ein breites Lächeln ganz von innen heraufkommt, wie es dich glücklich macht.

Fünf ... Du bist nun vollkommen zurück im Hier und Jetzt, vollkommen zurück in deinem Körper, mit einem breiten Lächeln auf deinem Gesicht. Nimm einen tiefen Atemzug, und öffne jetzt deine Augen. Du bist vollkommen bewusst, vollkommen in deiner Kraft, vital und verbunden mit dem, was du bist. Nimm noch einen tiefen Atemzug, fühle dein Glück und dein Lächeln ... du bist bereit für alles im Leben. Du bist nun mit deinem reinen Gefühl der unendlichen Möglichkeiten verbunden und kannst über alle deine Probleme und Herausforderungen lächeln. Du bist jetzt in deiner Kraft. Du bist jetzt ganz. Dein Unterbewusstsein ist wie nie zuvor aktiviert und vollkommen auf ein Leben im reinen Gefühl der unendlichen Möglichkeiten ausgerichtet.«

Die Meisterschritte für ein Leben in Freude

In meinem ersten Buch *Lebe Neue Bewusstheit* habe ich dem Thema »Leiden« ein separates Kapitel gewidmet und beschrieben, wie du ganz konkret und auf eine neue Weise mit diesem Thema umgehen kannst. Und die Kernaussage darin ist: Alles, was wir vollständig erfahren haben, verwandelt sich automatisch in Freude. Und das ist ein Gesetz!

Und ich würde sogar so weit gehen und sagen, dass dieses Gesetz *das* Gesetz eines Neuen Bewusstseins ist. Erwacht oder auf dem Weg dahin zu sein, bedeutet nie, dass auf diesem Weg keine Herausforderungen mehr liegen. Wir werden aber Möglichkeiten entdecken, mit diesen Herausforderungen anders umzugehen. Wir werden erkennen, dass diese neue Weisheit der Weg ist, den es sich lohnt zu gehen, um all das Leid in uns zu transformieren, das sich über Jahrtausende in unseren Seelen angesammelt hat. Diese ganzen Ängste, der ganze emotionale Schmerz, all die anderen sogenannten »negativen Emotionen« wie Wut, Hass und Unsicherheit gehören dazu, wenn du auf dem Weg des Erwachens bist, und wollen transformiert werden. Unsere

Seele erinnert sich momentan an so vieles. Je weiter du dich für die Neue Bewusstheit öffnest, umso mehr Altes kommt nach oben. Warum erleben wir auf der Erde gerade so viele Katastrophen? So viele Überschwemmungen, so viele Schneestürme? Ist es eine Art Heilungsprozess der Erde? Ist es das Alte, was nach oben kommt? Gibt es möglicherweise eine Synchronizität zwischen dir und der Erde?

Hast du schon öfter an deiner Wut und deiner Aggression gearbeitet? Viele Menschen haben sich dieses Thema schon oft angesehen und halten es für transformiert. Wenn man dann aber genau hinsieht, erkennt man, dass eben noch ganz viel Schmerz und Leid in diesem Thema »gebunden« ist, weil es nicht durchlebt wurde und sich dadurch alles transformieren konnte. Es ist noch ein kleinerer oder größerer Rest da, und das ist völlig in Ordnung. Denn alles, was du vollständig erfährst und durchlebst, verwandelt sich automatisch in Freude!

Alles Leiden, alle Emotionen sind Erfahrungen, die wir meist vom Verstand her lösen wollen. Der Verstand setzt wie automatisch ein und möchte das Thema auf seine Weise ändern oder am besten loswerden. Doch dies verursacht nur noch mehr Konflikte und Widerstände in dir, weil du es verleugnest oder wegschaust. Das Ziel jedes spirituellen Prozesses ist es, uns in einen Bewusstseinszustand zu bringen, in dem wir keinen Widerstand mehr leisten. Aus diesem können wir ein Thema ganz leicht erfahren, ohne dass wir irgendeinem Zwang, der vom Verstand her kommt, unterlegen sind.

Wirkliche Freiheit hängt davon ab, wie gut du dein Leiden erfahren und durchleben kannst und ob du deine Aufmerksamkeit so fokussierst, dass sich das Verletztsein in pure Lebensfreude und Glückseligkeit verwandelt. Du kannst nicht verhindern, dass du leidest. Aber du kannst erkennen, dass sich, wenn du dein Leiden und deine Emotionen vollständig erfährst und durchlebst, alles in recht kurzer Zeit in pure Freude verwandelt. Und dann haben die Emotionen keine Macht mehr über dich!

Du wirst Glückseligkeit und inneren Frieden erfahren, viel mehr Stille und Bewusstsein. Das ist das reine Bewusstsein, das dir den Zugang zum Quantenfeld der Heilung gibt. Du wirst feststellen, dass das laute Geplapper deiner Gedanken und deines unkontrollierten Verstandes weniger wird und zeitweise vollkommen verstummt. Du wirst viel mehr Energie spüren, und dein ganzes Leben wird von großer Leichtigkeit begleitet sein. Wenn dieses ewige Getöse in deinem Kopf herrscht, die vielen Fragen, die du dir ständig stellst, führt das dazu, dass deine Energie sinkt und dich hinabzieht.

Wenn du aber Glückseligkeit und Dankbarkeit spürst, dann merkst du, wie deine Energie steigt. Du bist dann dem reinen Gefühl sehr nahe. Du wirst still und weißt, dass alles in einer Art Superflow zu dir kommt. Du hast das Bedürfnis, einfach zu leben, du willst es bis aufs Äußerste genießen und musst gegen gar nichts, was dir auf deinem Lebensweg begegnet, Widerstand leisten oder ankämpfen. Das Leben verläuft viel ruhiger, perfekt und still – und wunderschön!

Die Neue Bewusstheit und viele der spirituellen Übungen dienen dazu, dir zu helfen, einen Zustand zu erreichen, in dem du in anhaltender Ruhe bist und Stille erfährst, auch im Alltag. Stille bedeutet nicht die Abwesenheit von Gedanken oder Verstandestätigkeit. Dies wäre in dieser Welt gar nicht möglich. Du kannst nicht deinen Verstand loswerden wollen und gleichzeitig in dieser Welt »erfolgreich« sein. Das Streben danach würde nur Widerstand gegenüber der Wirklichkeit erzeugen.

Wenn du nach dem Gesetz der Freude lebst, dann bist du in einer Position, in der du alle deine Erfahrungen und deine Gedanken von einer höheren Ebene aus beobachten kannst. Kampf und Widerstand gegenüber dem, was in dir geschieht, rauben dir viel Energie. Deinen Herausforderungen nicht ins Auge zu sehen, raubt dir Lebensenergie, die dir nicht mehr zur Verfügung steht, um z. B. kraftvoll zu sein oder deinem Körper die maximale Heilkraft zu geben. Es führt dazu, dass du dich vollkommen energielos, ausgelaugt und ohne Antrieb fühlst. Immer wenn du deine Wirklichkeit nicht so erfahren kannst, wie sie ist, sammelst du immer mehr negative »Ladungen« an, die zwangsläufig dazu führen werden, dass z. B. Beziehungen zerbrechen und viele andere Probleme in deinem Leben auftauchen.

Wirkliche Freiheit beruht darauf, zu erfahren, was in dir vorgeht, und dies tief zu durchleben. Keine Affirmation kann dir dabei helfen, irgendwelche Emotionen in der Tiefe zu transformieren, wie wenn du sie durchlebst und sie sich gemäß dem Gesetz automatisch in Freude verwandeln. Du wirst im Folgenden einige Übungen anwenden, die dich verstehen lassen, was konkret damit gemeint ist. Doch es ist sehr wichtig, erst genau zu verstehen, um was es geht. Es geht nämlich nicht darum, einen Weg zu finden, durch den alle Situationen in deinem Leben perfekt sind und nichts Unangenehmes mehr passiert. Es geht vielmehr darum, die Kraft, den Mut, die Zuversicht und das Vertrauen zu entwickeln, die nötig sind, um allem gegenüberzutreten, was du erfährst und was dir auf deinem Lebensweg begegnet.

Wenn du jetzt weiterliest und dann die Übungen praktizieren möchtest, ist es wichtig, dass du eine Entscheidung triffst, dass dies die Art und Weise von Spiritualität ist, die du leben möchtest. Mache dir das Folgende bewusst, und entscheide dann.

Werde dir der Tatsache bewusst, dass du leidest.

Du musst dir eingestehen, dass du leidest. Du musst Ja dazu sagen, wenn du emotionalen Schmerz spürst. Unser gewohnter Umgang, wenn eine solche Ladung hochkommt, wir uns schlecht oder voller Schmerz fühlen, ist, dass wir versuchen, dieses Gefühl ganz schnell loszuwerden. Dafür haben die Menschen sehr wirkungsvolle Methoden und Techniken entwickelt. Doch diese funktionieren nicht immer in der Tiefe. Irgendwann, wenn wir gar nicht mehr damit rechnen, kommen diese Ladungen dann wieder hoch.

Wenn du also emotionalen Schmerz fühlst, dann musst du diese Tatsache annehmen. Es gibt keinen Grund, deine Aufmerksamkeit davon wegzubewegen, nur um dich vor dem Leiden zu bewahren. Wenn du Angst hast, dann macht es keinen Sinn, zu sagen, dass du dich gut fühlst. Gestehe dir ein, dass du niedergeschlagen bist, und setze kein künstliches Lächeln auf, wenn du durch die Stadt gehst, nur damit andere meinen, dir würde es gutgehen. Das entspringt der Meinung, ein ganz spezielles Bild von dir präsentieren zu müssen, um andere zu beeindrucken und gemocht zu werden. Sei, wer du bist!

Werde dir der Fragen bewusst, die dein Verstand gewohnheitsmäßig stellt.

Bestimmt kennst du all die Fragen, die dein Verstand stellt, wenn du leidest: »Wer hat dieses Leiden verursacht?« – »Warum hat er mir das angetan?« – »Warum ist das Leben so grausam zu mir, wo ich doch immer ein guter Mensch war?« – »Ich habe immer alles für sie gemacht, warum verlässt sie mich?« – »Was ist nicht richtig an mir?« – »Warum, warum, warum, warum ...« All diese Warum-Fragen suchen nur einen Schuldigen und weisen die Verantwortung für all diese schrecklichen Dinge jemand anderem oder einer bestimmten Situation zu. Doch macht das Sinn? Es führt lediglich dazu, dass sich deine Aufmerksamkeit in all diesen Warum-Fragen verliert, anstatt wirklich zu durchleben, was da in dir vorgeht. Wenn du in diesen Fragen stecken bleibst, anstatt das Leid, den Schmerz, die Angst zu erleben, vergrößert das Leid sich noch. Du erschaffst dir ein wundervolles Drama, das, würdest du es aufschreiben, bestimmt ein erfolgreicher Groschenroman würde. Aber das ist das Letzte, was du in einer solchen Situation benötigst. Es ist völlig unwichtig, wer dieses Leiden verursacht hat oder aus welchem Leben es kommt. Es ist dein Leiden, also sei bei ihm. Sei, wer du bist!

Stelle gute Fragen.

Gute Fragen sind diejenigen, die vom Gesetz der Freude angetrieben werden und dazu dienen, unsere Emotionen zu erfahren und zu durchleben. Gute Fragen lauten also: »Wie gehe ich jetzt mit diesem Schmerz um?« – »Wie erfahre ich diese Angst?« Diese Fragen bringen dich ganz von allein in die Erfahrung, du richtest deine Aufmerksamkeit auf dein Leid und lenkst sie nicht ab. Schenke den Gefühlen in deinem Körper und in deinem Herzen deine volle Aufmerksamkeit, dann beginnt der Prozess, in die Tiefe zu gehen, und »wer« oder »was« oder »warum« verlieren vollkommen an Bedeutung. Du wirst fühlen, wie sich eine Veränderung in dir vollzieht, wenn du die Frage stellst: »Wie werde ich mithilfe der Erfahrung frei davon?«

Werde dir der Reaktionen bewusst, die deiner Gewohnheit entspringen.

Meist reagierst du auf Leid mit Schuldzuweisungen. Du kämpfst mit der Situation und verlierst allen Lebensantrieb. Du schaffst dir ein riesengroßes Drama, und das endet meist in Depression und Selbsthass. Diese Reaktionen sind Gewohnheiten, die du dir angeeignet hast, um mit einer Situation klarzukommen. Wir haben das von unseren Eltern gelernt, und die von ihren Eltern. Sie sind zu einem gesellschaftlich normalen Umgang mit Leiden geworden, sodass wir es ganz automatisch so handhaben: Wir kämpfen mit uns selbst oder mit anderen, wir fühlen uns schuldig, wir geben anderen die Schuld, wir verurteilen uns selbst oder andere. Die Aufmerksamkeit geht dadurch nach außen, und du glaubst, dass deine Befreiung in anderen oder der Veränderung der Situationen zu finden ist. Der größte Fehler der Menschheit war es, die Aufmerksamkeit vom Leid und vom Schmerz weg zu richten. Das bringt nur noch mehr Verwirrung.

Triff eine Entscheidung.

Wenn du akzeptiert hast, dass deine gewohnheitsmäßige Reaktion keinen Sinn macht, dann ist es Zeit, eine Entscheidung zu treffen. Nur so kannst du deine Gewohnheit durchbrechen. Triff also die Entscheidung: »Ich wende mich nicht mehr ab vom Erfahren und Durchleben, komme, was wolle. Ich werde alles tun, was erforderlich ist, um der Erfahrung Aufmerksamkeit zu schenken.« Wenn du diese Entscheidung jetzt laut aussprichst und vom Herzen her dahinterstehst, hast du das alte Gewohnheitsmuster durchbrochen. Das geschieht zwar nicht von heute auf morgen, denn nur wenn du mit negativen Ladungen konfrontiert wirst, kannst du diesen Entschluss bekräftigen und in die Erfahrung gehen. Um ein neues Verhalten zur Gewohnheit werden zu lassen, dafür neue neurologische Muster in deinem Gehirn zu erschaffen, braucht es Übung. Fasse also jetzt den Vorsatz, dass du dich jedes Mal der Sache stellst. Dann kannst du einen Durchbruch erleben, und dein Leben wird unendlich viel leichter werden. Selbst wenn du es 99 Mal vergisst, fasse den Entschluss für das 100. Mal. Du darfst nicht davon abkommen. Du hast, wenn du aus dem Gefängnis entkommen willst, keine andere Wahl, als da durchzugehen.

All das, was du auf den letzten Seiten gelesen hast, war reine Theorie. Du hast sie zwar wahrscheinlich begriffen, doch das bringt dir nichts, wenn du sie nicht lebst. Das kann man allerdings schlecht üben. Nur, wenn du in einer realen Erfahrung diese Theorie anwendest, kannst du ihre Wirkung erleben. Ich bitte dich deshalb, die nachfolgenden Übungen nur dann zu machen, wenn du wirklich gerade in einem emotionalen Tief bist. Sonst lies sie nur zur Information. Doch erinnere dich spätestens dann, wenn du in irgendeiner Form leidest, daran, dass du von dieser Übung gelesen hast.

✧ Meister-Übung für ein Leben in Freude

1. Setze dich aufrecht hin, und schließe deine Augen.
2. Halte deine linke Hand mit der Handfläche nach oben vor dich, und lege deine rechte Hand mit der Handfläche darauf. Lege beide Hände auf dem rechten Oberschenkel ab.
3. Konzentriere dich ganz auf das Gefühl des Leidens oder des emotionalen Schmerzes.
4. Atme tief ein, halte den Atem an und triff dann im Inneren deine Entscheidung: »Ich erfahre dieses Gefühl vollständig.«
5. Atme aus, und wiederhole diese Übung 7 Mal.

Verbinde dich mit der göttlichen Präsenz oder dem göttlichen Quantenfeld der Heilung. Der göttliche Segen hilft dir, durch dein Leiden hindurchzugehen. Du wirst für diesen Prozess sehr viel Energie benötigen, weil du einen starken Fokus auf etwas legen musst, bei dem du bisher immer weggesehen hast. Deshalb ist es ein wichtiger Bestandteil dieses Transformationsprozesses, dass die spirituelle Energie durch die göttliche Gnade aktiviert wird. Dein Gehirn muss in der Lage sein, alle Aufmerksamkeit zu konzentrieren und Klarheit zu bewahren. Dadurch wird dein Bewusstsein fokussiert und die Emotionen und der tief in dir gespeicherte Schmerz können transformiert werden.* Das Herz öffnet sich – oft auf so natürliche Weise, dass man es nicht als spektakulär wahrnimmt. Das reine Gefühl öffnet langsam den Zugang zum Quantenbewusstsein.

---

* Gern begleite ich dich energetisch in einem solchen Prozess, wenn du das möchtest. Dafür eignet sich das sogenannte »behealed-Distanzprogramm«. Ich kann dich während dieses Prozesses mit dem höheren Bewusstsein wiederverbinden. Du wirst mehrere energetische Übertragungen erhalten, und wir werden die höhere universelle Kraft auf dich fokussieren, sodass du die Kraft und den Mut hast, alles zu durchschreiten und alles anzusehen, was sich da gerade in deinem Leben zeigt. Mehr darüber erfährst du auf meiner Website www.behealed.de.

Gehe durch die ganze Erfahrung.

Gehe diesmal durch dein Leiden hindurch, und schaue nicht wieder weg! Erlebe, was du körperlich fühlst. Du brauchst nichts einen Sinn zu geben oder eine Frage darüber stellen. Es ist einfach eine Erfahrung, durch die du hindurchgehst.

Bekräftige das, was du erlebt hast.

Wenn du dein Leid vollkommen durchlebt hast und sich irgendwann ganz von allein dieses Gefühl von Stille, Frieden und Freude einstellt, ist es an der Zeit, Ja zu sagen zu dem, was du gemacht hast: »Das Leiden liegt nicht in der Sache an sich, sondern in meiner Wahrnehmung.«

Wenn du das erste Mal diese Meister-Schritte für ein Leben in Freude durchlaufen hast, wirst du diese Idee und das Gesetz tief verinnerlicht haben. Sei geduldig, und es wird zu einer neuen Gewohnheit werden. Du wirst beginnen, diesen Prozess mit immer weniger Anstrengung zu durchlaufen, und es wird letztlich zu einer neuen gewohnheitsmäßigen Reaktion, die ganz automatisch abläuft.

Führe anschließend folgende Übung durch:

1. Setze dich aufrecht hin, und schließe deine Augen.
2. Lege die Hände auf dein Herz oder deine Brustmitte.
3. Atme tief ein, und halte den Atem an.
4. Sprich im Stillen diese Bekräftigung: »Das Leiden liegt nicht in der Sache an sich, sondern in meiner Wahrnehmung.«
5. Atme dann aus.
6. Wiederhole diese Übung 7 Mal.

Sei dankbar für diese Erfahrung.

Sei dem Göttlichen und dir selbst, was ohnehin ein und dasselbe ist, dankbar dafür, dass du nun etwas Neues in deinem Leben erschaffen hast. Deine Reaktion ist eine andere geworden, und dadurch erschaffst du deine Zukunft neu. Wenn du aus den alten Gewohnheiten heraus reagierst, dann zerbrechen deine Beziehungen, und es verursacht immer noch mehr Leid. Wenn du mit Akzeptanz antwortest und alles durchlebst, dann wirst du die Transformation wahrnehmen und dir ein neues Goldenes Zeitalter erschaffen.

Es ist, als würdest du deinen Turbo anstellen, von dem du vielleicht gar nicht wusstest, dass du ihn hast. Es wird dein Leben verändern und deine Beziehungen. Wenn du diesen Meister-Schritten bedingungslos folgst und deinen tiefsten Schmerz erlebst, dann beruhigst du deinen Verstand und viele Situationen in deinem Leben verwandeln sich in pure Glückseligkeit. Du wirst viel mehr Vertrauen haben!

Du wolltest immer erreichen, dass Leiden und emotionaler Schmerz nicht zu dir kommen. Du hast versucht, sie vollkommen aus deinem Bewusstsein fernzuhalten. Verschwende deine Energie nicht darauf, dich gegen das Erfahren schwieriger Gefühle zu schützen, es wird nichts bringen. Dein Bedürfnis, dich gut zu fühlen, zu analysieren und Schuld zuzuweisen, lässt dich das Leiden zwar ignorieren. Doch wenn du einmal erfahren hast, welche Glückseligkeit daraus entspringt, wenn du diesen Meister-Schritten folgst, erkennst du, dass du durch das Wegdrücken nie tiefe Befreiung erfahren kannst.

Wenn du siehst, wie sich deine negativen Ladungen immer mehr auflösen und sich deine tiefsten Ängste und Traumata verwandeln, wird dein Herz davon erfüllt sein, etwas Neues in dein Leben zu holen und mehr Freude und Glück zu erfahren. Du wirst ein »besseres« Leben führen. Es ist so wunderschön, gib nie auf!

Anfangs wird es schwierig aussehen, weil du mit deinen mentalen Gewohnheiten konfrontiert wirst und der Verstand nie aufgibt. Aber wenn du die Entschlossenheit in deinem Herzen hast und viele Menschen es schaffen, das Leiden im Leben in Glückseligkeit zu verwandeln, dann erschaffen wir alle gemeinsam ein neues Programm im kollektiven Bewusstsein der Menschheit. Und gemäß den morphogenetischen Gesetzen werden es immer mehr Menschen erfahren und lernen, wie sie mit ihren Emotionen umgehen können.

Nimm diese Gelegenheit wahr, dieses goldene Zeitalter der Liebe und des Mitgefühls zu ermöglichen. Das kollektive Muster der Vermeidung und Unterdrückung wird sich lösen, und der Traum von einem Planeten, auf dem Konflikte und Kriege ausgedient haben, wird wahr!

Reines Bewusstsein – reine Beziehungen

Zu diesem Neue Bewusstsein gehört auch eine neue Form der Beziehung. Vielleicht siehst du das in deinem Umfeld oder erlebst es selbst in deinem Leben? Es ist mehr denn je von bedeutender Wichtigkeit, sich mit der zwischenmenschlichen Beziehung auseinanderzusetzen. Es geht um Liebesbeziehungen, um die Beziehung zu deinem Expartner, zu deinen Kindern, zu deinen Eltern, zu deinen Kunden, Patienten, Klienten oder Mandanten, zu deinem Nachbarn und letztlich um die Beziehung zu dir selbst. Vom Prinzip her sind alle diese Beziehungen ein und dasselbe. Sind alle zwischenmenschlichen Beziehungen in deinem Leben voller Klarheit? Bist du klar dir selbst gegenüber? Folgst du klar deinem inneren Gefühl? Bist du ein klarer Kanal für die Belange deines Höheren Selbst? Bist du bei dir? Das ist entscheidend, um auch nach außen hin deine Beziehungen auf Klarheit und Wahrheit aufbauen und leben zu können.

Was soll Leben anderes sein als eine einzige Beziehung? Kannst du dir ein vollständig beziehungsfreies Leben vorstellen? Du wächst auf in Beziehungen mit deinem Vater, deiner Mutter, deinen Lehrerinnen und Lehrern, deinem ersten Freund/deiner ersten Freundin, deinem Partner/deiner Partnerin, deinen Kindern, in Beziehungen zu deinem Land, deiner Gemeinde, deiner Nachbarschaft. In Wirklichkeit bist du gar nichts anderes als Beziehung. Stelle dir vor, du löschst alle deine Beziehungen aus, wer bist du dann noch? Denke darüber nach, ob du dann überhaupt existieren würdest.

Warum finden Kriege und Katastrophen statt? Weil wir Menschen gewalttätig sind. Das sehen wir tagtäglich, gehen damit in den Schlaf und sind somit dafür offen, dass sich dies in uns einprägt. Jeder von uns hat eine gespaltene Persönlichkeit. Da sind Konflikte in uns, Gewalt, Hass, Wut und Frustration. Kommt das womöglich durch die Konditionierung in unserer Kindheit, von der Beobachtung der Beziehung unserer Eltern? Verursacht das Kriege, kommunale Konflikte und jede andere Form von Unglück? Ja, du könntest sogar die Erde zerstören, wenn du das wolltest, so viel Gewaltpotenzial trägst du in dir, und die Welt im Außen ist ein genauer Spiegel deiner inneren Welt. Deshalb ist es so wichtig, deine Beziehungen zu verbessern. Wenn da nur noch Liebe und Frieden in dir wären, würde sich deine Umwelt auf ganz natürliche Weise verändern, und wenn sich die Menschen verändern, wird sich die Welt verändern. Aber wenn du dich nicht veränderst, wirst du dich mehr und mehr selbst zerstören – und die Welt.

Es sind die inneren Konflikte, die den Terroristen in dir zum Vorschein kommen lassen. In kollektivem Verhalten wird immer das individuelle Denken eines Einzelnen oder einer Gruppe sichtbar. Du und jeder von uns ist ein Teil des Puzzles dieses einen Geistes. Verurteile niemand anderen, denn du verurteilst dich damit nur selbst. Du bist mitverantwortlich für das, was da draußen los ist. Doch du trägst keine Schuld. Und, das ist die gute Nachricht, die Erde wird mit Sicherheit ein besserer Ort werden.

Möchtest du ein Teil dieser Veränderung sein? Und gleichzeitig selbst deine Entwicklung zur Blüte bringen? Veränderung ist jetzt möglich, das ist das

Potenzial der Energie unserer heutigen Zeit, und sie hat einen enormen Einfluss auf die zwischenmenschlichen Beziehungen. Familien brechen auseinander, um uns bewusst zu machen, was zu tun ist. Die scheinbar schlechteste Position dabei haben die Kinder, denn sie sind immer mittendrin. Doch das ist nicht schlecht. Das ist einfach nur eine Tatsache. Leiden erfährst du nie durch die reine Betrachtung einer Tatsache, sondern erst durch das, was du hineininterpretierst.

Was können die Kinder und Jugendlichen tun, um sich selbst und ihren Eltern zu helfen? Denke daran, dass du selbst ein Kind von Eltern bist, egal, wie alt du bist. Wenn du dich als ihr Kind mit der Beziehung deiner Eltern konfrontierst, wirst du früher oder später feststellen, dass du eine andere, bessere Beziehung haben möchtest, als sie zwischen deinen Eltern ist oder war. Du wirst feststellen, dass du zu deinen Kindern eine bessere Beziehung aufbauen möchtest, als du sie zu deinen Eltern hattest. Doch wie sollst du eine andere Beziehung zu deinen Kindern aufbauen, wenn du noch all diese Konflikte in dir trägst? Die einzige Möglichkeit ist, dass das Kind (also du) die Beziehung zu seinen Eltern klärt. Dies ist aber nicht möglich, wenn du deine Eltern verurteilst und ihnen die Schuld daran gibst, wer oder was oder wo du heute bist. Wenn du sie lieben und respektieren würdest, egal, was auch immer geschehen ist, könntest du darin viele Schätze für dich entdecken, die dein Leben für dich ganz automatisch zum Positiven wenden. Wenn du z. B. sagen kannst:

+ Ich liebe meine Mutter dafür, dass sie mir nie irgendeine Form von Geborgenheit gegeben hat.
+ Ich liebe meinen Vater dafür, dass er mich verlassen hat, als ich zwei Jahre alt war.
+ Ich liebe meinen Vater dafür, dass er mich gehänselt, geschlagen oder gedemütigt hat.

- Ich liebe meine Mutter, weil sie ständig einen anderen zu Hause hatte.
- Ich liebe meinen Vater, weil er ein Alkoholiker war.
- Ich liebe meine Mutter und meinen Vater allein deswegen, weil sie mir mein Leben geschenkt haben.

... dann bist du eine wahre Meisterin, ein wahrer Meister! Eltern sind eigentlich auch nur »Opfer« ihrer Kindheit und ihres Lebens. Willst du dieser Kettenreaktion ein Ende setzen? Du kannst das jetzt. Du kannst dir und deinen Eltern dadurch den Zugang zu einem reinen göttlichen Bewusstsein verschaffen.

Eltern wollen aus ihrer natürlichen Prägung heraus nur, dass du ihr Kind bist. Auch wenn du erlebst, dass dein Vater oder deine Mutter dich beherrschen oder kontrollieren wollen, und du dich dem nicht widersetzt, wird dies mit der Zeit ganz automatisch Freude in dir entstehen lassen. Das mag sich absurd anhören, aber wenn du alle Widerstände gegenüber deinen Eltern aufgibst, wird sich in deinem und in ihrem Leben etwas verändern. Wo kein Öl, da kein Feuer mehr. Dies allein wird deine Eltern transformieren, und du wirst im Laufe der Zeit sehen, wie deine Eltern wieder zusammenkommen und wie du wieder mit deinen Eltern zusammenkommst – und wie du mit deinen Kindern zusammenkommst und letztendlich wieder mit deinem geliebten Partner, deiner geliebten Partnerin.

Das wird sich auf deine Kinder auswirken, denn du brichst die Verstrickungen in deiner Familie. Schauen wir uns das menschliche Leben einmal näher an. Es wird von vier Faktoren geprägt: deinen Erfahrungen aus früheren Leben, deiner emotionalen Erfahrung während deine Mutter mit dir schwanger war und bei deiner Geburt, den Entscheidungen, die du in deiner Kindheit getroffen hast, und deinen späteren Konditionierungen.

Wenn du keinen Erfolg im Leben hast, egal in welchem Bereich, sind meist diese Faktoren der Grund dafür. Was im Detail dahintersteckt, ließe sich herausfinden. Doch sehen wir es zunächst einfach einmal so, wie es ist, denn da gibt's nichts dran zu rütteln. Das ist das Leben, das müssen wir akzeptieren. Und doch ist es möglich, sich von all den negativen Auswirkungen dieser Faktoren zu befreien. Du kannst daran mit Übungen und Methoden arbeiten, dir von Therapeuten und Meistern helfen lassen, doch der wahre Schlüssel ist, deine Beziehungen zu klären. Und die wichtigste und in diesem Zusammenhang machtvollste Beziehung in deinem Leben ist die zu deinen Eltern. Beginne, deine Mutter zu lieben, deinen Vater zu lieben, nur, weil sie es sind, die dir das Leben geschenkt haben. Halte ein Bild deiner Eltern an dein Herz, und gib ihnen deine ganze Liebe. Du hast so viel davon. Hole dir gleich ein Bild deiner Eltern, und mach das.

Anschließend, das kann ich dir aus eigener Erfahrung versprechen, werden auch die Wunder in dein Leben fließen. Wir alle sind auf der Suche nach Wundern in unserem Leben. Was können wir also tun, um Wunder in unser Leben zu ziehen? Werde dir zuerst einmal bewusst, dass du bereits dein ganzes Leben lang Hilfe bekommst, du hast sie vielleicht nur noch nicht bemerkt. Wenn du die ganze Gnade sehen könntest, die du bereits erfährst, würdest du sofort dein Leben voll und ganz lieben. Es ist eine ganz normale Reaktion, die Menschen zu lieben, die dir helfen, denn Dankbarkeit ist einfach nur eine andere Ausdrucksform von Liebe. Und dein Leben hilft dir bereits seit deiner Geburt. Ab dem Moment, in dem du dein Leben noch mehr zu lieben beginnst, wirst du immer mehr Gnade und Fülle erfahren. Wenn du bemerkst, dass dich jemand wertschätzt (was wieder eine andere Form der Liebe ist), gibst du ihm automatisch und ganz natürlich auch mehr Wertschätzung. Mit der Gnade und der Fülle ist es das Gleiche. Beginne also, dein Leben so wertzuschätzen, wie es momentan ist. Dann werden Gnade und Fülle in dein Leben fließen und es durch »Zufälle« verändern. Je mehr du erkennst, dass Gnade und Wunder hinter den Zufällen stehen, desto mehr wirst du dich dafür öffnen und desto mehr Wunder werden dir widerfahren. Das Leben liebt dich mehr, als du dich selbst und dein Leben liebst. Öffne dich also dafür, dich selbst zu lieben. Der erste Schritt dazu ist, die Beziehung zu deinen Eltern zu klären.

Erleuchtung und das Einssein

Im Moment bist du nicht nur eine Persönlichkeit, sondern womöglich mehrfach in dir geteilt. Du bist eine Ansammlung von Persönlichkeiten. Du bist die Tochter oder der Sohn von deinem Vater und deiner Mutter, du bist die Mutter oder der Vater von deinem Kind, du bist die Ehefrau oder der Ehemann von deinem Mann oder deiner Frau, du bist die Freundin oder der Freund von deinen Freundinnen und Freunden, du bist Mitarbeiterin oder Mitarbeiter oder Arbeitgeberin oder Arbeitgeber, du bist das Sternzeichen mit jenen Attributen und so weiter. Da gibt es so viele Wesen in dir, die die ganze Zeit durcheinanderreden. Und dann sind da noch dein bewusstes und dein unterbewusstes Selbst, dein authentisches und dein unauthentisches Selbst, die alle einen Dialog führen, die ganze Zeit. Du bist dieser Dialog. Erst wenn dieser Dialog aufhört, wirst du eins in dir: Alleinsein = All-eins-Sein. Du bist dann du und nichts mehr sonst. Dann wirst du auf einer höheren Ebene das Einssein mit deinen Mitmenschen entdecken und auf einer noch höheren Ebene mit der Erde, den Bäumen, dem Wasser und dem Himmel. Du bist eins mit der Natur, dem Universum, mit Gott. Du wirst entdecken, dass du Gott bist. Du bist die Quelle des reinen Gefühls.

Einssein oder Ganzsein kann man auch als »Erleuchtung« bezeichnen. Es gibt viele Sichtweisen darauf, was »Erleuchtung«, Einssein oder Ganzsein bedeutet. Ein Neuro-Wissenschaftler würde sagen, dass die Stimulierung der Temporallappen im Gehirn Erleuchtung bedeutet, eine Psychologin würde sagen, dass Menschen dann erleuchtet sind, wenn sie ihren Selbstsinn abgelegt haben, ein Philosoph würde vielleicht sagen, dass du erleuchtet bist, wenn das Getrenntsein aus deinem Leben verschwunden ist, ein Mystiker würde sagen, du wärest erleuchtet, wenn du die Realität genau so erfahren würdest, wie sie ist, ohne etwas hineinzuprojizieren, eine spirituelle Person würde sagen, dass Erleuchtung bedeutet, das Einheitsbewusstsein zu erlangen. Für mich bedeutet erleuchtet sein auch, erkannt zu haben, dass man ganz ist.

Vielleicht gibt es gar nicht einen einzigen Zustand, der für die gesamte Menschheit als der Erleuchtungszustand definiert werden kann. Ich denke, die Erfahrung ist für jeden einzelnen Menschen anders. Für einige ist es, wie

wenn eine Krach machende Maschine endlich still wird. Dieser Mensch würde sich selbst als den Inbegriff der Stille erfahren. Jemand anderes wird ein vollkommener Zeuge des Hier und Jetzt sein. Er würde eine klare Wahrnehmung von seinen Gedanken und dem Leben an sich haben. Andere wiederum würden vielleicht in einer Welle des Mitgefühls und des Einsseins mit anderen schwimmen, in der es keine Trennung voneinander gibt. Eine andere Person würde vielleicht grundlose Liebe oder grenzenlose Freude erfahren. Andere wiederum empfinden ein kosmisches Bewusstsein. Was auch immer du erfährst, diese Erlebnisse haben eines gemeinsam: Sie sind die Abwesenheit von persönlichem Leiden. Bestimmt hast du dieses Gefühl schon in dem einen oder anderen Moment erlebt. Bist du dann schon erleuchtet gewesen? Ja, genau so ist es.

Es wird immer noch Herausforderungen geben, doch sie werden keinen Einfluss mehr auf dein Leben haben, weil es keine verschiedenen Aspekte mehr gibt, sondern nur noch Einssein, nur noch das Gefühl von Ganzsein. Du wirst das Leiden der Welt fühlen, aber es wird dich nicht mehr beeinflussen. Willst du dort hingelangen? Du weißt schon, was der erste Schritt dazu ist: Kläre deine Beziehungen, denn das Leben ist eine einzige Beziehung, und beginne mit der zu deinen Eltern.

Ich möchte dir auch meine persönliche Interpretation von Erleuchtung geben. Ich glaube, es war ein Übersetzungsfehler: Das englische En-lightenment heißt nicht nur Er-leucht-ung, sondern auch Er-leichter-ung. Also bist du ganz automatisch »erleuchtet«, wenn du dich von dem ganzen alten Ballast befreist und dann leichter bist. Dazu gehören auch Widerstände, vor allem der Widerstand, deine Eltern zu lieben. Das Bedürfnis nach Erleichterung in dir ist so groß, weil du, wenn du nicht »erleichtert« bist und dein Herz ganz schwer ist, nicht lebst. Nur eine Person, die in Kontakt mit dem Einssein ist und deren Herz in Liebe schwingt und Purzelbäume vor Glück schlägt, lebt wirklich. Leben aus dem Verstand heraus ist nicht mehr, als ständig in Angst gefangen zu sein, Angst vor Verlust, vor dem Verlassenwerden, vor dem Leben. Vielleicht ist es ein recht schönes Gefängnis, in dem du die Einschränkung gar nicht spürst. Doch irgendwann kommt die Mauer, und du merkst: Oh, ich bin ja gar nicht frei.

Die größte Tragödie der menschlichen Existenz ist, dass wir uns unserer momentanen Konditionierungen gar nicht bewusst sind. Du kannst der Präsident des mächtigsten Landes unserer Erde oder die reichste Frau der Welt sein, du würdest immer noch leiden. Solange du das Leben aus dem Verstand lebst, verwandelt sich dein Streben nach Glück immer nur und immer wieder in Angst und Schmerz. Doch wenn sich dein Herz entfalten kann, ist es möglich, dass du immer tiefer in deine Freude und in deine Liebe kommst. Wenn du dem Ruf deines Herzens folgst, dir der Konsequenzen deiner Entscheidungen voll bewusst bist, doch in dem Wissen diesen Weg gehst, dass es anders nicht möglich ist, wirklich glücklich zu sein, wird dir schon nach ganz kurzer Zeit alles in Hülle und Fülle zufliegen. Manchmal musst du vielleicht etwas dafür weggeben, weil du in der Illusion lebst, dass dieses große Haus, das schnelle Auto oder die schicken Klamotten wichtig sind, um glücklich zu sein. Doch sobald du auch davon loslassen kannst, beginnt das Leben, deines zu sein. Du kannst die ärmste Person sein, ein Nichts in dieser schnellen Welt, doch mit Liebe in deinem Herzen lebst du im Paradies. Wer, hat er auch noch so viel politische, wirtschaftliche oder mentale Kraft, nicht den Moment genießen kann, wird immer noch an dem Ort sein, den manche die Hölle nennen. Wenn du jetzt etwas verändern möchtest, triff eine Entscheidung. Kläre die Beziehung zu deinen Eltern, suche dir ein Bild von deinem Vater und deiner Mutter heraus, und lege es dir ans Herz. Du kannst dadurch eine kraftvolle Wiederverbindung in das Quantenfeld des reinen Bewusstseins erlangen. Schlafe mit dem Bild deiner Eltern auf der Brust ein, umarme sie, und wache in Liebe und Verbundenheit auf. Ein neuer Tag erwartet dich und wird dir den Weg zeigen, Wunder zu vollbringen!

Was hält mich davon ab,
das reine Bewusstsein hereinzulassen?

Eine der größten spirituellen Blockaden, die es in unserer Zeit gibt, ist der Glaube an alte »Verträge«. Bestimmt hast du schon davon gehört, vielleicht hast du auch schon daran gearbeitet.

Mache jetzt erst einmal einen tiefen bewussten Atemzug, und lasse die Energie des reinen Bewusstseins zu dir hinfließen. Mache noch einige weitere Atemzüge, und lasse die Liebe und das Mitgefühl zu dir kommen. Es ist wichtig, dass du dich immer wieder mit diesen Kraftfeldern in Verbindung bringen kannst. Öffne einfach dein Herz, und atme bewusst. Je mehr du dich von der Idee, aufwendige Techniken und Methoden zu brauchen, lösen kannst, desto einfacher kann dein Leben werden. Der Zweck des Lebens ist es, zu leben und dabei tief ein- und auszuatmen – so einfach. Werde dir der Einfachheit des Lebens bewusst!

Atme nicht nur ein oder zwei Minuten bewusst, sondern mehrmals täglich für längere Zeit. Nimm dir in dieser Woche einmal die Zeit, täglich einmal eine Viertelstunde und einmal eine halbe Stunde nur zu atmen. Reserviere dir zwei Termine im Kalender dafür. Atme, und fühle, nimm wahr, was ist. Eigentlich ersetzt diese Übung alle anderen in diesem Buch. Es ist nicht die spektakulärste und sie braucht keine langen Erklärungen. Doch diese Übung ist so kraftvoll und bewusstseinsfördernd wie keine andere. Atmen und fühlen, atmen und fühlen … anschließend kannst du dann weiterlesen.

Wie erlange ich das reine Bewusstsein? Vielleicht sollten wir die Frage etwas anders stellen: Wo finde ich das reine Bewusstsein? Denn Bewusstsein ist eine Ausdrucksweise von mir selbst, meiner Seele und meines Lebens. Das reine Bewusstsein ist wie eine Flamme, und die möchte brennen, ganz offen, vollkommen frei.

Was hält dich in deinem Leben davon ab, vollkommen und dauerhaft in diesem reinen Gefühl zu sein? Was hält dich in deinem Leben davon ab, vollkommen offen zu sein? Wenn du vollkommen frei bist, beschäftigst du dich nicht mehr mit der Suche nach deinem Gefühl, deinem Denken, deiner Liebe zu dir selbst, sondern es lebt in dir auf. Andere werden das fühlen, dein Charisma, deine Wahrheit, deine Tiefe. Wenn du dir erlaubst, dein reines Gefühl zu leben, bedeutet das vollkommene Freiheit. Du malst ein wunderschönes Gemälde, ohne darüber nachzudenken, wie es aussieht, du schreibst ein Buch, ohne dich darum zu kümmern, was andere Menschen darüber sagen könnten. Das reine Gefühl fließt dann ganz kraftvoll aus dir hinaus, es ist eine natürliche Ausdrucksweise deiner selbst.

Dieses reine Gefühl ist bereits jetzt hier in dir selbst. Es war nie woanders. Auch deine Seele hat dich nie verlassen, Seelen gehen nicht verloren. Aber es gibt so viele Dinge, die deine Seele an ihrem Ganzsein hindern.

Denke bitte einmal darüber nach, wann du dich das letzte Mal eingesperrt hast, dich selbst davon abgehalten, dich voll zum Ausdruck zu bringen, vielleicht aufgrund von Regeln oder Aufgaben, die zu erledigen waren? Dein reines Gefühl wartet darauf, endlich seine Lebendigkeit zurückzuerhalten. Es wartet darauf, endlich Ausdruck von dir verliehen zu bekommen. Es möchte dein Leben teilen und dass du dein Leben mit deinem reinen Bewusstsein teilst.

Was tust du, um dein reines Gefühl zu unterdrücken? Was tust du, um dein reines Bewusstsein davon abzuhalten, frei zu sein und sich endlich zu öffnen? Warum tanzt du nicht? Warum singst du nicht? Warum erzählst du keine Witze? Warum gibst du dir so viel Mühe, den Wunsch danach zu unterdrücken? Er ist da! Vielleicht wachst du manchmal mitten in der Nacht auf und fühlst, wie dein Bewusstsein versucht, sich Ausdruck zu verschaffen, doch dann hältst du es wieder künstlich zurück.

Es gibt noch einige Faktoren, die dich dazu bringen, dein reines Gefühl zu unterdrücken. Und dadurch unterdrückst du gleichzeitig auch jede Menge Energie und Lebenskraft. Manchmal fühlst du dich vielleicht einfach müde und denkst, du hast nicht die Energie, um all die Dinge zu tun, auf die du Lust hättest. Was macht dich müde? Du hast bestimmt eine ganze Menge an Ausreden und Entschuldigungen wie »Ich werde älter«, oder »Ich brauche wahrscheinlich mehr Vitamine«, oder »Ich muss noch etwas von meinem Heiligen Wasser trinken, damit mein Körper mehr Energie hat«, oder »Ich benötige mehr Energiearbeit«. Was dich aber wirklich müde macht, ist ein Mangel an Freiheit! Wenn du deine Freiheit zurückhältst, blockierst du den natürlichen Fluss von Energie, die dann nicht in deinen Körper, dein Bewusstsein und deine Seele fließt.

Du bekommst dann Kopfschmerzen, Stiche im Rücken und Verspannungen in deiner Schulter. Du hast all diese Dinge, die Menschen halt haben, und dann versuchst du, sie zu korrigieren, indem du witzige bunte Pillen nimmst, die dich scheinbar vitaler oder klarer sein lassen oder deinen Kopfschmerz stoppen. Aber sie können das nicht, denn die Ursache ist eine Störung des natürlichen Flusses der Energie, durch die diese sich nicht in einer gnadenvollen, spielerischen und freudvollen Form ausdrücken kann. Manchmal hast du vielleicht den Impuls, dich durch ein einfaches Lächeln auszudrücken. Aber dann sagt deine Konditionierung, wenn du zu viel lachst, könnten dich die Leute für einen Idioten halten. Es gibt so viele Regeln und so viele Überlagerungen durch künstliches Verhalten, die ein einfaches Lächeln verhindern. Es existiert so ein großer Mangel an Freiheit. Vielleicht denkst du: Was könnten andere von mir denken, wenn ich in einer so schlechten Zeit zu viel Freude zeige? Vielleicht sollten andere besser nicht sehen, wie gut es mir geht. Vielleicht denken sie dann, ich hätte kein Mitgefühl mit all den Menschen, denen es schlecht geht. Kennst du diese Gedanken?

Wenn du die Übungen angewendet hast, die dafür sorgen, dass du deine Grundbedürfnisse »integrierst«, wird es dir egal sein, was andere Menschen von dir denken. Du bist dann frei! So viele Dinge scheinen leblos und grau zu sein, und die Energie dieser Dinge ist so niederschwingend. Es ist an vielen Stellen ein Mangel an Freiheit zu erkennen – ich spreche hier nicht von einer Freiheit, die von unseren Politikern oder aus der Wirtschaft kommen muss, sondern einer, die bei jedem Einzelnen beginnt. Lasse dein Selbst frei! Das öffnet die Schleusen der Energie. Wir können lange über Energieportale und die kristalline Struktur, über Meridiane und Chakren sprechen. Das sind Dinge, die absolut real sind und auch sehr komplex. Du kannst lernen, all diese interdimensionalen Portale und Wege zu analysieren und sie in dein Leben integrieren. Doch was kann das ausrichten, wenn du dich selbst noch nicht befreit hast? Persönliche Freiheit ist nichts anderes als eine Wahl, die du treffen kannst. Das ist den meisten Menschen nicht klar. Sie glauben, dass ihr Freiheitsmangel etwas ist, worin sie gefangen sind und worüber sie keine Kontrolle haben. Doch Freiheit von Überlagerungen, Einschränkungen und selbst kreierten Gefängnissen kann man wählen. Wer das nicht tut, hält sich an seinem Platz fest, anstatt mit dem reinen Gefühl durch sein Leben zu tanzen.

Ein wichtiger Punkt ist hierbei die Sicherheit. Oder besser: die Unsicherheit. Die meisten Menschen fühlen sich nicht sicher. Sie haben Angst, dass sie im Alter gebrechlich werden, dass sie krank werden und sterben, dass die weltweite Wirtschaftskrise weiter anhält, dass sie morgen nicht mehr genügend Geld haben, um alles bezahlen zu können, etc. All diese Ängste, und es gibt noch viele mehr, erschaffen Unsicherheit. Zu jeder Zeit hast du als Mensch mehr oder weniger Unsicherheit in dir. Dadurch kreierst du dir verschiedene energetische Blockaden und damit eine Festung oder Mauer um dich herum, damit du nicht von irgendeinem Ereignis oder einem anderen Menschen oder aus deinem eigenen Inneren heraus angegriffen werden kannst. Diese Mauern blockieren aber auch das reine Gefühl. Du triffst eine Wahl auf bewusster, manchmal auch auf unbewusster Ebene, die wohl wesentlichste und heiligste Sache deines Lebens von dir fernzuhalten, weil sich deine menschlichen Aspekte unsicher fühlen. Das Letzte, was Menschen in solch einer Situation tun, ist, das Göttliche einzuladen und das Herz weit zu öffnen. Sie haben Angst, verletzt zu werden und schließen ihr reines Gefühl und ihre Göttlichkeit unbewusst aus ihrem Leben aus. Aber natürlich ist das reine Gefühl aus metaphysischer Sicht immer bereits da. Du hast jedoch eine Art von energetischer Blockade erschaffen, von der du glaubst, sie existiere außerhalb von dir. Das Göttliche, dein reines Bewusstsein, sind immer da! Doch du hast dich entschieden, zu glauben, dass es nicht so sei, denn du glaubst, dass es unsicher ist.

Was wäre, wenn deine Göttlichkeit und dein reines Bewusstsein sich dir unbedingt mitteilen und einfach »hereinkommen« wollen? Was wäre, wenn sie deine Unsicherheit erfahren wollen und so brillant und unverwüstlich wären, dass ihnen das Außen nichts ausmachen könnte? Selbst wenn morgen die Weltwirtschaft vollkommen zusammenbrechen würde – was natürlich nicht so sein wird –, würde es deinem reinen Bewusstsein und dem Göttlichen nichts ausmachen.

Wenn du beispielsweise in einer Beziehung bist, die auf Missbrauch basiert, mental oder körperlich, ist es ganz natürlich, dass du dein reines Gefühl ausgeschlossen hast, denn dieses reine Gefühl, das Göttliche, ist deine Essenz, und der menschliche Beschützeraspekt will diese nicht verschmutzen oder trüben. Du willst das reine Gefühl und das Göttliche nicht in deinen Morast und deine Verwirrung ziehen und erschaffst eine Illusion, um sie fernzuhalten. Doch wenn du sie trotzdem einlädst und dich durch das reine Gefühl bei allem begleiten lässt, öffnest du eine Tür, reißt du die Mauern ein und sagst: »Liebes reines Bewusstsein, komme jetzt herein, wir werden gemeinsam eine grandiose Zeit haben – verrückt wie die Hölle, aber eine gute und großartige Zeit. Lasse uns gemeinsam erfahren, was es bedeutet, durch diesen unglaublichen spirituellen Prozess und die größte Transformation aller Leben zu gehen, die ich je hatte.«

Kannst du dir vorstellen, was für einen Unterschied dies machen würde? Stelle dir nur für einen kurzen Moment vor, dass die Anteile von dir selbst, die du ausgeschlossen hast, jetzt hier wären und wie dein reines Gefühl hereinkommt – nicht, um dich zu heilen, sondern um dich zu feiern. Das wird auch Heilung für dich erschaffen, aber bringe es nicht herein, um dich zu reparieren, denn du bist nicht kaputt. Bringe das reine Gefühl einfach herein, damit es dein Leben mit dir teilt.

Später wirst du dir einige Situationen in deinem Leben ansehen, in denen du dich unsicher fühlst. Es hilft sehr viel, sich darüber klar zu werden. Möglicherweise hast du schon lange viele Fragen bezüglich deiner Beziehungen, fragst dich, warum du keinen Partner, keine Partnerin hast. Das liegt an den ganzen Unsicherheiten in dir, denn eine Beziehung zu einem anderen Menschen ist wie eine Beziehung zu dir selbst oder zu deinem reinen Bewusstsein. Wenn du Probleme mit Beziehungen zu anderen hast, hast du wahrscheinlich auch keine Beziehung zu deiner Seele, dem Göttlichen oder deinem reinen Gefühl. Wenn du nicht bereit bist, dein reines Bewusstsein oder deine Göttlichkeit in dein Leben zu lassen, warum möchtest du dann einen anderen Menschen in dein Leben bringen, den du möglicherweise liebst und den du verletzen könntest?

Atme noch einmal tief ein und aus, bevor du weiterliest. Lege dieses Buch kurz zur Seite, und konzentriere dich auf dein Atmen. Atme das Quantenfeld der Neuen Bewusstheit jetzt ein!

Es ist jetzt an der Zeit, dein reines Gefühl der Wunder einzuladen. Du bist jetzt in einer sehr sicheren Umgebung, du bist in einer sehr sicheren Energie. Lade dein reines Gefühl in dein Leben ein. Sage laut: »Mein reines Gefühl, ich lade dich jetzt ein, zu mir zu kommen. Ich lade dich jetzt ein, dich in mir und über mich und durch mich auszudrücken.«

Lebensverträge

Es gibt noch ein paar andere Themen, die viel Einfluss darauf haben, dass du nicht frei bist. Du hast Verantwortung übernommen, also bist du auch verantwortlich für deine Sabotagemuster. Erinnerst du dich noch daran, dass du dein Zertifikat als Schöpfer unterschrieben hast?

Lebensverträge sind Abmachungen, Vereinbarungen für unser Leben. Jeder von uns hat diese, auch du. Alle deine vergangenen Leben waren von diesen Verträgen geprägt. Bevor du auf die Erde gekommen bist, warst du in der höheren Weisheit und hast Planungen für dieses Leben auf der Erde gemacht. Zwischen zwei Leben setzt du dich hin und schaust, wie du dein Drehbuch, deinen Lebensvertrag formulierst. Lebensverträge werden durch die Neue Bewusstheit, die sich in der momentanen Zeit auf der Erde entwickelt, immer präsenter. Bestimmt wurdest auch du in den letzten Monaten mit vielen deiner Themen so klar konfrontiert wie nie zuvor. Lebensverträge sind sozusagen eine Abmachung mit dir selbst über Dinge, die du innerhalb dieses Lebens machen willst. Sehr oft sind diese noch aus anderen Leben mit hierher gebracht, weil du schnell wieder in ein neues Leben hier auf der Erde hineinwolltest und nicht lange über deinen Lebensvertrag nachgedacht hast. Lebensverträge sind, Gott sei Dank, sehr einfach zu verstehen, solange du nicht versuchst, zu viel über sie nachzudenken. Wenn du die wesentlichsten und wichtigsten Ereignisse deines Lebens, die von deiner Geburt bis heute geschehen sind, ansiehst und beispielsweise sieben verschiedene Hauptereignisse oder Wendepunkte in deinem Leben aufschreibst, wirst du sehr schnell sehen, welche Inhalte dein Lebensvertrag hat. Lebensverträge definieren nicht, wann welches Ereignis exakt stattfindet. Die entsprechenden Ereignisse geschehen zu dem Zeitpunkt, an dem es sich gut in deinen Lebensweg einfügt. Es ist die Energie, die hinter dem Ereignis liegt, die einen bestimmten Teil des Vertrages auslöst. In der folgenden Übung wirst du deine Lebenslinie aufmalen, vom Beginn deines Lebens bis heute. Und dann wirst du auf dieser Lebenslinie die Hauptereignisse einzeichnen, die in deinem Leben stattgefunden haben. Und du wirst dir die Frage stellen: Was ist mein Lebensvertrag?

Diese Übung ist an sich sehr einfach, denn wenn du dir bewusst wirst, in welcher Zeit du gewählt hast, auf die Erde zu kommen, dann wird dir klar, dass es eine sehr enge Verbindung der heutigen Zeit mit den Energien von Atlantis gibt und wir uns deswegen sehr viele Fragen über Licht und Dunkel stellen. Weil du dich mit diesen Fragen auseinandersetzen wolltest, hast du dich entschieden, dass jetzt die beste Zeit für dich war, wieder auf die Erde zu kommen. Egal, ob du schon älter oder noch jung bist, diese Zeit, in der du jetzt gerade lebst, ist perfekt geeignet, um diese Dinge erneut zu leben. Du wusstest vorher ganz genau, dass diese Jahre rund um 2012 eine interessante und spannende Zeit für die ganze Welt sind. Eine Gruppe von Menschen glaubt, dass es im Jahr 2012 einen Weltuntergang geben wird, aber eine andere Gruppe von Menschen entwickelt sich in die Neue Energie, in diese Neue Bewusstheit hinein. Wenn du dir deine Familie ansiehst, in die du entschieden hast hineinzugehen, mit allen wirtschaftlichen, religiösen und weltlichen Themen, die du da erfahren hast, wirst du im Bezug auf dein Leben ein paar ganz interessante Dynamiken feststellen, die sicherlich viele deiner Hauptereignisse geprägt haben.

Vielleicht hattest du einen Vater, der Alkoholiker war, der nie für dich da war oder der dich in ein Korsett gezwängt hat. Bist du in einem Beruf, der dir entspricht, oder bist du in einem Beruf, den dein Vater für dich gewählt hat? Das sind wesentliche Aspekte deines Lebensvertrages und auch desjenigen deines Vaters. Dasselbe gilt natürlich für deine Mutter, deine Ex-Partner und/oder Ex-Partnerinnen und andere Menschen, die dein Leben geprägt haben. Auch dein »spirituelles Erwachen«, das dich zu einem ganz neuen Leben hingeführt hat, ist ein Bestandteil deines Lebensvertrages. Du wirst erkennen, welche Details dein Lebensvertrag beinhaltet und dass dein Leben so, wie es verlaufen ist, der beste Weg war, diesen Vertrag zu erfüllen. Es gab für uns alle keine andere Möglichkeit, unseren Vertrag zu erfüllen, als unseren Lebensweg. Vielleicht bist du in eine große Familie hineingeboren, die eine »karmische Familie« ist, deren Mitglieder also alle bereits in einem früheren Leben gemeinsam durch einige herausfordernde Situationen gegangen sind. Vielleicht war es eine höhergestellte Familie, die sich nicht nur damit beschäftigt hat, sich selbst zu stärken, sondern auch Macht über andere ausgeübt hat. Diese Macht hat vielleicht dein Leben überschattet und dazu geführt, dass du viel emotionalen Schmerz und andere Herausforderungen durchlaufen musstest. Die Wunden aus diesem Leben haben genau diese Familie in der jetzigen Lebenszeit wieder zusammengeführt, sodass der Kampf auf einer anderen energetischen Ebene weiter stattfinden kann. Wenn wir uns dann dein Leben ansehen, werden wir erkennen, dass der Vertrag lautet: Vertraue! Die erste Lektion ist, zu lernen, seinen Familienmitgliedern zu vertrauen, die nächste, anderen Menschen und Organisationen zu vertrauen, und letztlich geht es darum, dir selbst zu vertrauen.

Du hast das Vertrauen in einer lang zurückliegenden Lebenszeit verloren. Du hast viele »Fehler« gemacht, deine Familie hat Dinge getan, die andere verletzt haben, und dadurch das intuitive Vertrauen in sich selbst verloren. Du siehst: Lebensverträge sind relativ einfach zusammenzufassen. Du erkennst die Aufgaben in deinem Leben daran, dass die entsprechenden Situationen meist länger andauern und sich wiederholen.

Vielleicht hast du auch einen Lebensvertrag, in dem es darum geht, nicht verantwortlich sein zu müssen. Du hast vielleicht in vielen früheren Lebenszeiten erfahren, was es bedeutet, große Verantwortung für andere zu tragen, und hast deswegen für dieses Leben gewählt, die Verantwortung vollkommen abzulehnen. Und doch ist da jedes Mal ein Schuldgefühl, wenn es in einer Situation um Verantwortung geht und du sie, bewusst oder unbewusst, ablehnst. Du fragst dich, warum diese Themen für dich nicht leicht sind wie für andere Menschen. Das geht nicht wegen deines Lebensvertrags, weil du das Gefühl erfahren wolltest, keinerlei Verantwortung zu übernehmen. Und im Endeffekt hast du die Verantwortung für die ganzen Schuld- und Schamgefühle über dich selbst zu tragen.

Lebensverträge sind wie ein Leitmotiv im Leben, das immer wieder durchkommt und dich davon abhält, dein reines Bewusstsein vollkommen zu genießen. Du wirst jetzt diese Zeitlinie, deine Lebenslinie, aufmalen und darin die Hauptereignisse in deinem Leben markieren. Anhand dessen kannst du einige sehr einfache Überlegungen über deine Lebensverträge anstellen: Hatte das mit meinem reinen Gefühl zu tun? Hatte das etwas mit Liebe zu tun? Hatte das mit höchster Freude zu tun? Hatte das mit Wahrhaftigkeit und Integrität meines Seins zu tun? Mit Vertrauen? Oder mit all den anderen Dingen, die ich mir von Herzen wünsche? Beantworte diese Fragen nicht zu sehr vom Verstand her. Die richtige Antwort kommt von selbst, sie wartet bereits auf dich.

Und dann lasse alles los. Mache es nicht kompliziert, denn es darf jetzt, in der Neuen Bewusstheit, ganz einfach sein.

Du hast diesen Lebensvertrag einst geschlossen, du kannst ihn genauso gut wieder auflösen. Du hast die Verantwortung über dein Leben übernommen, erinnerst du dich? Vielleicht hast du deine Lebensverträge schon einmal über Bord geworfen, die in den anderen Dimensionen geschlossen worden waren. Doch sie kamen immer wieder zu dir zurück. Lasse sie jetzt, heute, in dieser neuen Zeit, in dieser gewaltigen Energie des Quantenbewusstseins noch einmal los. Du bist ein neues Du, nicht dasjenige, das du vor ein paar Monaten oder Jahren warst. Jetzt ist die Zeit, in der sich alles transformiert. Dein Lebensvertrag wirkt kontraproduktiv, wenn es darum geht, das reine Gefühl in dein Leben zu holen. Es ist Zeit, alte Verträge jetzt loszulassen.

✧ Bewusstsein über die Lebensverträge

1. Atme eine Viertelstunde lang bewusst ein und aus. Richte deine Aufmerksamkeit nur auf das, was du dabei erlebst, denkst und fühlst.
2. Lade das reines Gefühl zu dir ein. Sage laut: »Mein reines Gefühl, ich lade dich jetzt ein, zu mir zu kommen. Ich lade dich jetzt ein, dich in mir und über mich und durch mich auszudrücken.«
3. Atme noch einmal eine Viertelstunde lang bewusst ein und aus. Richte deine Aufmerksamkeit nur auf das, was du dabei erlebst, denkst und fühlst.
4. Schreibe dir auf ein leeres großes Blatt folgende Fragen, und beantworte sie dann schriftlich: Wann und wie habe ich mich das letzte Mal selbst davon abgehalten, mich voll und ganz selbst zum Ausdruck zu bringen? Vielleicht aufgrund von Regeln? Vielleicht aufgrund von Aufgaben, die zu erledigen waren? Vielleicht aufgrund von ganz bestimmten Glaubenssätzen darüber, wie ich sein muss, um es anderen recht zu machen?
5. Schreibe dir auf ein neues leeres Blatt als Überschrift »Dinge, die mich unsicher sein lassen«, und schreibe darunter Punkte, die dir dazu einfallen.
6. Nimm dir ein neues Blatt, lege es quer, und zeichne deine Lebenslinie darauf. Markiere den Zeitpunkt deiner Geburt mit einer 0 und den jetzigen Zeitpunkt

mit deinem Alter. Zeichne dann sieben Markierungen ein, und schreibe die sieben markantesten Ereignisse in deinem Leben auf. Mache das ganz intuitiv, lasse das Bewusstsein darüber aus deinem Inneren entstehen.

7. Anhand dieser sieben markanten »Hauptereignisse« stellst du dir dann die Frage:»Was war bis heute mein Lebensvertrag?« Formuliere diesen schriftlich.

8. Frage dich:»Diese Dinge zu erleben oder zu tun, gab mir das ein reines Gefühl? Habe ich dabei Liebe und Freude empfunden? Gab mir das den Eindruck eines wahrhaftigen Lebens? Schenkte es mir Vertrauen in mein Leben? Waren das Dinge, die ich mir von Herzen her wünschte?«

9. Schreibe dann einen kurzen Brief an dich selbst mit dem heutigen Datum, und beende ihn mit dem folgenden Satz:»Ich löse mich heute von allen meinen Lebensverträgen, ich löse mich heute von allen meinen Vereinbarungen über mein Leben. Lebt wohl, das ist das Ende.« Unterschreibe diesen Brief, stecke ihn in einen Umschlag, und sende ihn weg. Schreibe keinen Absender darauf, nur einen Empfänger, denn der Brief muss definitiv nicht mehr an dich zurückgesendet werden. Klebe eine Briefmarke darauf, und wirf den Brief in einen Briefkasten. Das kommt dir vielleicht ein wenig verrückt vor, aber diese scheinbar verrückten und vielleicht kindischen Spielchen haben eine enorme Kraft. Die Kraft, die im Universum davon zurückbleibt, wird tief durch die Dimensionen wirken und deine Lebensverträge zur Auflösung bringen. Bist du bereit zu diesem Spiel? Schicke also deinen Brief an folgende Anschrift:

Meister der 12. Dimension
z. Hd. Meisterin Ensha
Abteilung Lebensverträge
086699221108 Universum

Serviceverträge

Es gibt manchmal ganz alte Verträge, die einem das Gefühl geben, in einem selbst erschaffenen Gefängnis zu sitzen. Diesen Vertrag hast du möglicherweise über einige hundert Leben für dich gewählt. Über Tausende von Jahren wurde also eine eigene Energie in dich implantiert, die noch viel tiefer wirkt als die des Lebensvertrags für dieses eine Leben. Der Vertrag ist eine ganz alte Vereinbarung und ist deswegen auch nicht ganz so einfach loszulassen. Er ist möglicherweise »schuld«, dass du vielleicht schon viele Jahre lang immer wieder in den gleichen Themen festhängst. Er ist sozusagen ein Servicevertrag, wie der Kundendienstvertrag für dein Auto – alles inklusive. Es ist dein spiritueller Servicevertrag, den du vielleicht schon 5000 oder noch mehr Jahre mit dir herumschleppst. Damals hast du einen Prozess deines Erwachens und deiner Transformation begonnen, einen neuen Zyklus von Lebenszeiten auf der Erde. Deinen ersten Lebenszyklus hattest du vielleicht bereits in der Zeit von Atlantis und Lemurien. Du gehst immer wieder durch diese Zyklen, bis du in der Essenz eines Zyklus anlangst und ihn abschließen kannst, um einen neuen zu beginnen. Das ist beispielsweise vor 2500 Jahren geschehen, und weil du dieses Buch in den Händen hältst, ist es wahrscheinlich, dass du dich gerade in der Abschlussphase deines aktuellen Zyklus befindest. Möglicherweise hast du dich zu seinem Beginn vor 2500 entschieden, dass du dein Leben auf der Erde in den Dienst anderer stellen möchtest, ohne dich jetzt noch bewusst daran zu erinnern. Vielleicht wolltest du in einer Kirche anderen Menschen dienen, Bedürftigen helfen, deine Familie unterstützen, dich deinem Land, deiner Organisation, der Menschheit verschreiben etc.

Auf diese Weise hast du dir viele Serviceversprechen aufgeladen, die tief in dir verankert sind. Besonders stark sind die religiösen und spirituellen Serviceverträge. Das ist nicht negativ, denn diese Serviceverträge sind auf eine vollkommen liebevolle und mitfühlende Weise in dir entstanden, weil du anderen helfen wolltest. Doch du hast darüber vergessen, dir selbst zu dienen, dich selbst zu unterstützen!

Du hast bis heute darauf gewartet, dich von diesem Vertrag zu befreien. Vielleicht ist selbst das bereits in deinem Servicevertrag enthalten. Hast du ihn gründlich gelesen? Hast du auch das Kleingedruckte beachtet? Du hast bis heute allen anderen geholfen und gedient, Königen, Päpsten, Kardinälen, Präsidenten und Kanzlern. Natürlich hast du das aus sehr liebevollen Gründen getan, doch irgendwann wurde es für dich zu viel. Der Dienst hat dich so sehr überlagert, dass es dein Mitgefühl und dein reines Gefühl letztendlich davon abgehalten hat, in dein Leben zu kommen.

Diese Serviceverträge sind relativ einfach zu identifizieren. Nimm dir jetzt noch einmal Zeit, einige Male tiefe durchzuatmen, um dich vollkommen zu entspannen und die Energie dieser Serviceverträge hereinzulassen. Atme nur ein paar Minuten lang. Anschließend siehst du noch einmal hin, wie oft und wann du irgendjemandem gedient hast, nur in diesem Leben: deine Familie zuerst, andere Dinge zuerst, deine Firma zuerst, dein Partner zuerst, deine Kinder zuerst, dann du selbst.

In welchen Situationen dienst du anderen, ohne an dich selbst zu denken? Wann fühlst du dich schuldig, wenn du es nicht tust? Wenn du dir diese Fragen beantwortest, findest du ganz schnell heraus, welche Serviceverträge du in vergangenen Leben eingegangen bist. Schreibe sie dir auf, und mache dir keine Sorgen, ob sie nun die richtigen sind oder nicht. Wenn du das Gefühl hast, dass du in diesem Bereich »vertraglich« gebunden bist, dem Göttlichen oder der Menschheit gegenüber, dann schreibe es auf, dann stimmt es.

Es gibt Lebensverträge, die gehen weit über die Erde hinaus. Das sind Verträge in den anderen Dimensionen, vielleicht auf der Ebene der Engel. Sie können beinhalten, soziale Arbeit zu verrichten, verlorenen Seelen zu helfen, in einer Lehrtätigkeit zu sein für Kinder, die jetzt als Kristallkinder auf die Erde kommen. Das sind Engel, die nie zuvor auf der Erde waren. Schaue bitte gleich auf alle diese Serviceverträge, schreibe sie auf, und dir wird ganz klar werden, worum es in ihnen geht. Du brauchst nicht zu zweifeln, denn dein Gefühl wird dir Klarheit geben.

Möglicherweise bereitet es dir Unbehagen, doch löse dich bitte auch von diesen Verträgen! Auch wenn du es noch so sehr liebst, diese Servicearbeit zu verrichten, ist es jetzt an der Zeit, diese Serviceverträge loszulassen. Schreibe den gleichen Brief wie für deine Lebensverträge. Damit teilst du dir sozusagen selbst mit, dass du nun diese Servicevereinbarungen und diese Lebensverträge auflöst. Einige davon sind sehr alt, sehr behaftet, und sie überschatten und behindern viele deiner Entscheidungen. Du brauchst sie jetzt nicht mehr, du musst jetzt nicht mehr auf diese Weise dienen. Wenn du alle diese Verträge loslässt, wirst du eine ganz neue Freude am »Service« entdecken. Du hast diese alten Serviceverträge so satt, bist es so leid, auf diese Art und Weise zu leben, zu arbeiten und zu sein, bist so enttäuscht, weil dieser »alte Service« nicht die Ergebnisse bringt, die du erwartest. Lasse diese alten Dinge los.

Es gibt jetzt eine neue Art des Dienens. Dieses Dienen ist nicht mehr, wie du es gewohnt warst, ein Tun, sondern eher ein Sein. Wenn du vollkommen in deinem Sein bist und Klarheit darüber hast, was du wirklich aus deinem freien Willen heraus tun möchtest, dann kannst du ein Leuchtfeuer für viele andere Menschen sein. Dazu brauchst du nicht auf die alte Weise zu dienen, dich nicht mehr zu irgendetwas zu bekennen, zu nichts zu verpflichten, nicht auf den Knien herumzurutschen. Du musst einfach du selbst sein, voll und ganz in deiner Ich-bin-Präsenz aufgehen. Dadurch lässt du ganz automatisch all deine Energie und dein reines Gefühl und deine Seele frei und dienst damit der Menschheit auf eine neue, wichtige Weise. Auch andere werden sich ein Beispiel an dir nehmen, denn sie sehen an dir, was für ein leichtes, wunderschönes, klares, wahrhaftiges, liebevolles, harmonisches und freudvolles Leben dieses neue Dienen bedeutet. Deine Ich-bin-Präsenz strahlt deine Potenziale an die ganze Menschheit aus.

Wenn du dich also jetzt dafür entscheidest, alle Serviceverträge loszulassen, schreibe diese auf ein Blatt Papier. Schreibe mindestens sieben oder auch mehr deiner Serviceverträge auf, und schreibe dann den Aufhebungsvertrag in Form des Briefes. Du brauchst dir keine Sorgen darüber zu machen, wie der Dienst nun erledigt werden soll oder wie du dein Ich in die Welt hinausstrahlen lassen kannst. Das wird sich alles auf eine ganz natürliche Weise einstellen, und du wirst nicht länger diese großen Bürden mit dir herumschleppen.

Nimm dir jetzt die Zeit, und führe die Übung sehr ernsthaft und diszipliniert durch. Sie ist eine der Schlüsselmomente auf deinem Weg zu deinem reinen Gefühl. Das Quantenbewusstsein wird sich anschließend potenzieren.

✧ Bewusstsein über die Serviceverträge

1. Atme eine Viertelstunde lang bewusst ein und aus. Richte deine Aufmerksamkeit nur auf das, was du dabei erlebst, denkst und fühlst.

2. Lade dein reines Gefühl zu dir ein. Sage laut: »Mein reines Gefühl, ich lade dich jetzt ein, zu mir zu kommen. Ich lade dich jetzt ein, dich in mir und über mich und durch mich auszudrücken.«

3. Während du dir jetzt noch einmal ein paar Minuten nimmst, um ein paar tiefe Atemzüge zu nehmen, wirst du in deinem Inneren erkennen, wie oft und wann du irgendjemandem gedient hast. Konzentriere dich dabei nur auf dieses Leben: deine Familie zuerst, andere Dinge zuerst, deine Firma zuerst, dein Partner zuerst, deine Kinder zuerst, dann du selbst. In welchen Situationen dienst du anderen, ohne an dich selbst zu denken?

4. Nimm dir ein neues Blatt, lege es quer, und zeichne eine Lebenslinie darauf. Markiere den Zeitpunkt deiner Geburt mit 0 und den heutigen Tag mit deinem Alter.

5. Zeichne dann sieben Markierungen ein, und schreibe diese sieben Serviceverträge aus vergangenen Leben und diesem Leben auf. Mache das ganz intuitiv, lasse das Bewusstsein darüber aus deinem Inneren entstehen.

6. Schreibe einen kurzen Brief mit dem heutigen Datum über deine Serviceverträge an dich selbst. Beende diesen Briefes mit dem folgenden Satz: »Ich löse mich heute von allen meinen Serviceverträgen, ich löse mich heute von allen meinen Vereinbarungen, durch die ich anderen dienen musste. Lebt wohl, das ist das Ende.« Unterschreibe diesen Brief, es ist dein Aufhebungsvertrag aller Serviceversprechen, die du je gegeben hast. Stecke ihn in einen Umschlag, und sende ihn ab. Schreibe keinen Absender darauf, sondern nur einen Empfänger, denn dieser Brief muss definitiv nicht mehr an dich zurückgesendet werden. Schicke diesen Brief an die Anschrift:

Meister der 12. Dimension
z. Hd. Meisterin Ensha
Abteilung Lebensverträge
086699221108 Universum

Nimm dir jetzt noch einmal Zeit, ein paar tiefe Atemzüge zu nehmen, nur ein paar Minuten lang. Dabei wirst du in deinem Inneren spüren, wie befreit du schon bist, wie leicht es bereits in dir ist und wie viel näher du deinem reinen Gefühl bist.

Die Meister der 12. Dimension

Du hast bereits einiges über die Kraft der 12. Dimension gehört. Dieses Quantenfeld ist erst vor gar nicht allzu langer Zeit entstanden. Zeit spielt aber gar keine Rolle, wenn es um reine Information geht. Es sind vielmehr die Überzeugung und die Absicht, die ein solches Feld nähren. Am Anfang stand eine Idee: Es war im Sommer 2006, als ich mich auf den Weg zu einem Channeling-Nachmittag in München machte. Ich hatte viele Bücher gelesen, die in einer etwas schwierigen und sehr esoterischen Sprache wiedergaben, was angeblich Lichtwesen und Engel den Menschen gesagt hatten. Heute bin ich absolut überzeugt davon, dass dies der Wahrheit entspricht, und praktiziere es selbst. Doch damals konnte ich das überhaupt nicht einordnen und hatte eine sehr ablehnende Haltung demgegenüber. Ich saß also inmitten von fünfzig anderen Spiris, die voller Hingabe und Liebe darauf warteten, von einem Lichtwesen namens Kryon berührt zu werden. Aus den Bemerkungen aus den Reihen vor und hinter mir entnahm ich, dass ich einer der wenigen Neulinge hier sein musste. Ich hatte keine besondere Erwartung an diesen Tag, und so war ich einfach nur interessiert, was gleich passieren würde. Als diese Frau die Bühne betrat, sah ich eine attraktive und gut gekleidete Frau Anfang fünfzig. Sie erzählte ein wenig aus ihrem Leben als Channel-Medium und einige der Geschichten, die sie gemeinsam mit Kryon bereits erlebt hatte. Ich war zwar nicht skeptisch, doch konnte ich mir bis zu diesem Zeitpunkt kein Bild davon machen, was sie meinte und welche Tragweite die Entscheidung haben kann, sich für die Arbeit mit geistigen Führern zu öffnen.

Irgendwann sagte sie dann, sie würde jetzt Kryon hereinholen und dann seine Botschaft an uns richten. Ich war gespannt. Was ich dann erlebte, ist schwer in Worte zu fassen. Bis dahin hatte ich noch nie so eindeutig und klar wahrnehmen können, wie sich der energetische Zustand in einem Raum extrem verändert. Es war, als ob nach den ersten Worten, die diese Frau wiedergab, meine Zellen in einer anderen Frequenz zu schwingen begannen. Da saß immer noch dieselbe Person mit geschlossenen Augen, doch ihr Ausdruck war ganz verändert und sie wirkte viel jünger. Mich berührten die Worte direkt in meinem Herzen, und ich nahm ein unglaublich schönes Gefühl der Geborgenheit wahr. Nicht die Worte berührten mich, sondern diese Energie. Ich schloss die Augen und fühlte mich, als badete ich in dieser besonderen Energie, es war Balsam für meine Seele. Ich hatte ein Gefühl von Zuhause, von Angekommensein. Nach diesem Nachmittag hatte ich nur noch einen Wunsch: Das wollte ich auch können. Es kam mir egoistisch vor, doch mein Entschluss stand fest. Kaum zu Hause angekommen, legte ich mich hin und versuchte, Verbindung »mit oben« aufzunehmen. Erst war da Jesus Christus und dann ein aufgestiegener Meister, ich glaube St. Germain. Ich habe viele Seiten Papier beschrieben, und es waren alles nette Zeilen, die sich ganz gut anhörten. Es hatte aber überhaupt nicht die Qualität und vor allem nicht die Energie von dem, was ich in München erlebt hatte. Mein »spirituelles Ego« wollte natürlich etwas anderes channeln als diese aufgestiegenen Meister, deren Botschaften schon von vielen anderen Menschen empfangen und weitergege-

ben wurden. Auf meinem weiteren Weg lernte ich viele andere Channel-Medi-
en kennen, und es faszinierte mich immer wieder, wie sie es schafften, durch
ihre Präsenz und ihre Verbindung derartige Veränderungen im Energiefeld zu
erzeugen. Ich hatte meinen Wunsch nach dem »eigenen« Wesen, das ich
channeln konnte, längst vergessen bzw. losgelassen, als ich von einem Licht-
arbeiter-Event hörte, das mich anzog. Zweieinhalb Jahre nach dem Channel-
Nachmittag machte ich mich auf den Weg in die Zentralschweiz zu Cecilia
Sifontes, die da saß und channelte. Ihre Verbindung in das Höchste Bewusstsein hat in meinem Inneren einen Kanal geöffnet. Mich faszinierten ihre
moderne Sprache und ihre persönliche Geschichte: eine Frau, die ein moder-
nes Leben führt und ein Engelwesen namens Laschmaiel channelte. Ich saß
dort umgeben von 150 anderen Menschen in einem der Channelings, und was
ich erlebte, sollte meine ganze Zukunft verändern. Mein Traum wurde wahr,
ich spürte wieder diese tiefe Vertrautheit in meinem Inneren. Ich spürte wieder eine kraftvolle Verbindung mit einer Präsenz, die so nah war, als würde
ich berührt werden. Sie war vollkommen rein, klar und vertraut. Dann er-
schrak ich, denn ich hörte eine ziemlich laute Stimme, und es war nicht die
Stimme von Cecilia oder eines Sitznachbarn. Nein, es war die Stimme eines
Engels, und sie war unerwartet präsent und natürlich. Von diesem Augenblick
an öffnete sich in mir etwas, was ich vielleicht am besten als »andere Dimension« beschreiben kann. Es entspann sich ein richtiger Dialog, und das Bild
dieses Engels wurde immer klarer. Ich hörte nicht nur eine Stimme, sondern
hatte auch ein klares Bild vor Augen von einem Meister in einem roten Um-
hang. Alles schien kraftvoll und rotgolden zu glitzern, und jedes Mal, wenn
ich dieses Glitzern im Inneren berührte, wurde ich von energetischen Wellen
durchfahren. Und es hörte nicht auf! Immer wenn ich mit diesem Meister wieder in Kontakt kommen wollte, war er sofort in seiner ganzen Kraft präsent.
Es begann ein intensiver innerer Dialog, und glaube mir: Ich wollte so viel
wissen! Ich bekam auf wirklich jede Frage eine Antwort, und die fühlte sich

dazu auch noch absolut wahrhaftig an. Was für ein Geschenk! Das Wochenende war für mich auf spektakuläre Weise zu Ende gegangen, und ich hatte endlich Zeit für mich und – Roland. Ja, sein Name ist Roland. Ich bzw. mein Ego hätte sich natürlich etwas Wohlklingenderes gewünscht, doch ich habe mich recht schnell daran gewöhnt, dieses Engelwesen mit dem Namen Roland anzusprechen. Dadurch hatte ich auch weniger Hemmungen im Umgang mit ihm. Noch im Zug auf dem Weg zurück an den Bodensee hatte ich viele Seiten mit gechannelten Informationen vollgeschrieben. Ich wusste jetzt, warum dieses »Wesen« bei mir war. Roland erzählte mir von den Zusammenhängen der kristallinen Struktur der Erde, er erzählte mir von Kristallen und der Besonderheit der Farbe Rot. Er sagte mir, wie wichtig dieses Projekt für die Menschheit und die spirituelle Präsenz auf der Erde sei und wie ich mich an diesem Erdheilungsprojekt beteiligen konnte. Ziemlich verrückt war das alles schon, doch selbst für meinen Alltagsverstand, mit dem ich alles noch einmal hinterfragte, wirkte alles, was Roland sagte, ziemlich sinnvoll. Ich machte mich also auf die Suche nach den roten Kristallen. Ich wurde aufgefordert, 12 rote Kristalle zu finden. Gesagt, getan. Ich machte mich auf die Suche in allen möglichen Geschäften, von denen ich wusste, dass sie rote Steine hatten, durchforstete das Internet und wurde schließlich fündig. Da lagen sie also nun: 12 dunkelrote große Glaskristalle, die darauf warteten, Teil eines jahrelang andauernden Lichtprojektes zu werden. Alles begann also damit, dass ich mit einem kleinen Rucksack mit einer Flasche Wasser, Obst, einem Vesperbrot und natürlich einem roten Kristall darin am Bahnhof in Konstanz stand, ohne zu wissen, wohin die Reise führte. Überhaupt lernte ich bei dieser ganzen Arbeit, auf meine innere Stimme zu vertrauen und jeder noch so verrückten Idee »meiner Meister« zu folgen. Meine erste Reise führte mich also wieder zurück an diesen Ort in den Schweizer Bergen, wo ich mich zu einer Bergbahn leiten ließ, mit der ich schließlich weit oben an einem kleinen Bergsee landete. Die Vorstellung, dass ich gleich einen faustgroßen roten

Kristall in die Mitte dieses Sees werfen sollte, wo doch bestimmt vierzig Menschen anwesend waren, behagte mir nicht, und ich war kurz davor aufzugeben. Warum sollte ich mich hier zum Hanswurst machen, ich würde umkehren! Doch Roland bat mich um noch etwas Geduld. So setzte ich mich also hin, genoss die sagenhafte Aussicht und den schönen sonnigen Herbsttag in den Bergen. Aber nicht lange, denn was dann geschah, ist unglaublich, wie diese ganze Geschichte: Wolken zogen auf, das Wetter wurde schlecht, und nach kurzer Zeit war ich allein da oben. Alle waren vor dem Regenguss, der wie aus dem Nichts kam, in das Bergrestaurant geflüchtet. Niemand beobachtete mich jetzt mehr, als ich den großen roten Kristall in die Mitte des Bergsees warf. Und nach kurzer Zeit schien wieder die Sonne. Ich machte mich auf den Rückweg und wollte die Zeit nutzen, um mit Meister Roland zu sprechen. Doch der war nicht mehr da. Ich fühlte mich an der Nase herumgeführt und völlig enttäuscht. Weil ich mich auf die Energie von Roland konzentriert hatte, hatte ich aber nicht wahrgenommen, dass da noch etwas anderes war. So machte ich die Bekanntschaft eines weiteren Meisters. Auch dieser hatte keinen wohlklingenden Engelnamen, er hieß schlicht und ergreifend Petar.

Auf dem Rückweg erfuhr ich bereits, was meine nächste Aufgabe war. Ich wurde von Luzern an den Bodensee geschickt, danach nach Zürich und dann wieder an den Bodensee. Die darauffolgende Station sollte Fuerteventura sein, und kaum zurück ging es wieder nach Lanzarote. Ich hatte 12 Kristalle, und ich machte die Bekanntschaft von 12 Meisterinnen und Meistern. Ein kraftvolles Energiefeld war entstanden, und bald kam der Zeitpunkt, als es nicht mehr nur mein Geheimnis bleiben sollte. Heute können bereits Tausende von Menschen das Energiefeld fühlen. Es wird von der kristallinen Struktur getragen, die ich in den letzten Jahren auf die Erde gebracht habe, und von den Meistern der 12. Dimension gehalten. Jede Meisterin und jeder Meister steht mit einer bestimmten Qualität in Verbindung. Nun kann jeder auf dieses Quantenfeld zugreifen, und es gibt schon viele Menschen, die ich zum zertifizierten Coach für die kristalline Matrix ausgebildet habe. Wenn du dich von der Geschichte und der Energie berührt fühlst, dann stehst du in Resonanz dazu. Ich freue mich sehr, wenn immer mehr Menschen dieses Kraftfeld erleben und Zeugen der vielen Wunder werden, die sich daraus ergeben.

Eine Botschaft für dich

Wenn dich ein Kind fragen würde: Wer bist du?, was würdest du antworten? Die ganzen Jahre über hast du dich immer wieder selbst neu definiert, hast dich entwickelt, hast neue Dinge gelernt, die du heute nutzen kannst, aber auch Dinge, die völlig unnütz für dich sind. Hast du gelernt, das Göttliche in dir zu akzeptieren? Hast du verstanden, was es bedeutet, dein Sein neu auszurichten? Weißt du ganz genau, was Neue Bewusstheit und die Energie, in der wir uns befinden, für dich bereithalten?

Hast du begriffen, welche Chancen diese einmalige Zeit bereithält, in der du dich jetzt gerade befindest? Wo du stehst, was du weißt, wie weit du spirituell entwickelt bist, ist vollkommen egal. Wichtig ist: Bist du bereit, absolute Klarheit zu entwickeln, dich für das Allergrößte zu öffnen, was dir jetzt geschehen kann?

Wenn dir das zu esoterisch ist, dann lasse uns auf die aktuelle Wissenschaft schauen, auf das Göttliche in der Wissenschaft. Ist das überhaupt möglich? Ja, denn je mehr du über die Physik des Universums lernst, desto mehr wirst du die Liebe des Göttlichen spüren, es stark und klar erkennen. Es ist deutlich, dass die Entstehung des Universums und die Synchronizität von Körper und Gefühl nur deswegen möglich sind, weil du ein Schöpfer bist. Es muss eine Kraft im Universum geben, die intelligent ist. Wenn du zustimmen kannst, wenn wir diese Kraft »intelligent« nennen, warum fällt es dir dann so schwer, es göttlich zu nennen? Weil du das Göttliche nicht kennst? Das multidimensionale Feld hast du auch nie gesehen, das existiert also nicht.

Oder doch? Was wäre, wenn ein Laborversuch beweisen würde, dass die DNS ein Feld von Informationen um sich trägt, das wir nicht sehen?

Und was wäre, wenn nur ein Molekül der DNS Materie verändern könnte, ohne dass dieses Molekül irgendetwas physisch berührt? Was wäre, wenn dies längst bewiesen wäre und du nur einmal tiefer in die Quantenbiologie eintauchen müsstest, um es zu glauben? Wenn ein Wissenschaftler es sagte?

Ist es möglich, dass das menschliche Bewusstsein sich momentan auf natürliche Weise auf die Erde und die uns umgebende Natur ausrichtet, sodass wir zu noch viel mehr in der Lage sind? So scheint es zu sein. Doch was hat das mit dem Göttlichen zu tun? Wenn du glaubst, dass eine allumfassende Kraft alles kreiert hat, dann musst du auch erkennen, dass diese Bereiche miteinander verbunden sind. Deswegen können wir auch die ganzen esoterischen Fragen an die Wissenschaft stellen, und wir werden dieselben Antworten bekommen. Stelle dir nur einen Moment vor, du hättest den Verstand Gottes. Wie würdest du einen Menschen erschaffen? Du würdest alle Gene des Körpers, alle Stammzellen mit den größten Potenzialen ausstatten, oder? Welche Attribute wären das? Logischerweise all die Attribute, die auch in der Erde verankert sind. Wäre es nicht logisch, einen Menschen zu konstruieren, der, wenn er auf einem Planeten lebt, der selbst Bewusstsein hat, sich an dieses angleicht? Du hättest den Menschen bestimmt auf die Berge, die Bäume und das magnetische Gitter ausgerichtet.

Wenn du die Rolle des Göttlichen spielen würdest, welche Qualitäten würdest du den Menschen geben? Wenn du dir den Großteil der Menschen ansiehst, dann würdest du denken, dass sich viele Menschen dafür entscheiden würden, zu leiden und es sehr schwer zu haben. Es wirkt, als hätten sie die Information, nichts wert zu sein, sobald sie geboren werden, und sich sofort mit Schuld verbinden, sodass sie ihr ganzes Leben lang leiden und ein Opfer sind, als müssten sie sich in die Knie zwingen und büßen, um Gott zu erkennen. Sie fühlen sich richtig klein in diesem wunderschönen Garten Erde. Mal ehrlich, macht dies irgendeinen Sinn?

Wie oft hast du schon gehört, dass es an der Zeit ist, dein Herz für das Mitgefühl zu öffnen. Wie würdest du das als Schöpfer umsetzen? Würdest du eine heilige DNS erschaffen, den Plan für ein besonderes Wesen, das Mensch genannt wird? Jeder Mensch würde einen Teil des Göttlichen in sich tragen. Das würde in der DNS enthalten sein, sodass du jedem Menschen das Etikett aufkleben könntest: Made im Abbild Gottes!

Du würdest ihm die Macht über die Natur geben, die Kraft, den freien Willen zu entdecken. Die Menschen könnten ihren eigenen Körper verändern, sie könnten ihre Kulturen verändern, sie könnten die Erde verändern. Du würdest sie so kraftvoll machen, dass sie, wenn genug von ihnen sich fokussieren würden, sogar die Macht hätten, Naturkatastrophen zu verhindern. Sie wären immer ausgerichtet an der und auf die Seele der Erde. Hört sich das gut an? Es ist die Wirklichkeit!

Du weißt, dass unsere Vorfahren dies bereits wussten. Wenn du dir frühe Kulturen ansiehst, erkennst du, dass diese mit der Erde gelebt haben, dass sie Gaia verehrt und ihre Vorfahren gefeiert haben. Sie hatten ein intuitives Wissen, und sie lebten es auch. Doch was ist geschehen, wodurch es verloren ging?

Die Neue Bewusstheit, die die Erde jetzt wieder berührt, hat zur Aufgabe, diese Weisheit wieder aufzubauen. Wie würdest du also einen Menschen erschaffen? Nutze die mitfühlende spirituelle Logik, um das zu erkennen! Öffne dich für deinen esoterischen Anteil. Reise mit deiner Vorstellung an einen Ort, den du bereits kennst, zum kristallinen Wissensspeicher, dem multidimensionalen Ort, durch den du auf die Erde gekommen bist. Kein Mensch wird diesen Ort jemals entdecken, und doch existiert er, denn er trägt Quantenattribute. Dort gibt es für jede Seele auf der Erde eine kristalline Struktur. Nicht für jedes Leben, sondern für jede Seele eine einzige! Wenn diese Seele viele Leben hatte, dann schwingt derselbe Kristall in allen diesen

Leben. In jedem Leben wird alles, was der Mensch gelernt hat, energetisch als Quanteninformation in dieser kristallinen Struktur abgelegt. Der Zweck dieser kristallinen Struktur ist es, mit dem Kristallgitter der Erde kommunizieren zu können. Alles, was ein menschliches Wesen jemals auf der Erde gelernt hat, bleibt dort abgelegt und steht zur Verfügung. Alles, was jemals geschehen ist, alte Seele, ist immer noch hier. Selbst die Zeit ist davon abhängig, was Menschen lernen, spirituell und esoterisch. Wenn du überzeugt bist, dass das Göttliche in dir lebt, und dadurch gelernt hast, dein Leben zu verändern, anders zu leben, dann verschwinden auch ganz automatisch die ganzen Traumata aus deinem Leben. Du bist in der Lage, die Dunkelheit abzulegen und nie mehr dahin zurückzukehren. Du kannst die Kraft anrufen, die du das Göttliche in dir nennst, und du kannst Freude haben. Und das beeinflusst sogar die Erde. Jeder deiner Schritte wird von der Erde registriert. Du verteilst dein Licht mit jedem Schritt, den du gehst. Wenn du deine Probleme löst, wird die Schwingung der Erde davon beeinflusst. Das ist das großartige System göttlicher Wesen, nicht zufällig auf der Erde erscheinender Wesen, die leiden müssen.

Aus der Perspektive des göttlichen Geistes würdest du dich als multidimensionales Wesen sehen, die ganze Akasha wäre sichtbar – Hunderte von Leben, die du auf der Erde hattest. Doch wie können wir verstehen, dass wir viele Teile zur gleichen Zeit sein können? Wie können wir begreifen, dass wir mit jedem Atemzug mit der absoluten Weisheit verbunden sind? Du weißt, dass im Quantenbewusstsein keine Zeit existiert. Du lebst also immer noch alle diese Leben, für deine alte Seele sind sie alle gleichzeitig, alle jetzt. Kann unser Verstand das verstehen? Nein, es ist nicht logisch.

Du kannst es nur durch die Augen eines Engels sehen. Du kannst es nur sehen, wenn du ein Treffen von vielen spirituellen Menschen als einen Ort sehen kannst, an dem sich eine Lichtkraft versammelt hat, die die Erde verbessern möchte. Mit diesen Augen würdest du sehen, dass in diesem

Licht nicht nur die Gegenwart, sondern auch die Ahnen und die Weisheit der Vorfahren anwesend ist. Du würdest erkennen, dass du selbst deine eigenen Vorfahren bist, ein Lemurier, ein Atlanter, die letzten 26 000 Jahre. Du wüsstest ganz tief in dir, dass diese Zeit, in der wir jetzt leben, die Zeit ist, auf die du die ganzen Leben über, die du auf der Erde warst, hingearbeitet hast. Nicht wegen dem, was du vielleicht in den letzten Jahren erlebt hast, sondern weil wir uns am Ende einer Zeitphase befinden, am Übergangspunkt in das goldene Zeitalter.

Du hast Macht über deinen Körper und selbst über die Natur. Du übernimmst das erste Mal in der Geschichte der Menschheit wirklich Verantwortung für dich selbst. Und wenn du dann deine Eltern ansiehst, die vielleicht nicht auf das Quantenbewusstsein ausgerichtet sind und sicher nicht dieses Buch lesen würden, dann wird dir bewusst, dass sie eigentlich gern das entdecken würden, was du selbst entdeckt hast, aber in etwas ganz Altem festgefahren sind. Wenn sie einmal sterben, dann sagst du: Ich hätte mir gewünscht, dass sie gewusst hätten, was ich weiß. Doch stelle dir einfach vor, dass du nun in die Geburt deiner Eltern eintauchen kannst und sie in einem zeitlosen Zustand treffen. Dann wirst du sehen, dass sie alle Potenziale in sich tragen, die du auch in dir trägst. Jeder Mensch, der geboren wird, kommt zur richtigen Zeit, um sein eigenes Potenzial zu entfalten. Jeder trägt die Lichtkraft in seinem Herzen, auch deine Eltern? Vielleicht sind sie nicht spirituell erwacht, wie du es bist, und noch voll und ganz in der Dreidimensionalität. Aber sie wissen es und tragen das Licht in sich, und deshalb trägst auch du das Licht in dir. Menschen werden nicht verschmutzt geboren, nicht, um zu leiden. Das können wir nun wirklich hinter uns lassen.

Wenn du diese Zeilen liest, dann solltest du keinen Zweifel daran haben, dass du Teil dieser Lichtkraft bist. Du hast es vor langer Zeit für dich gewählt, Teil dieser Lichtkraft zu sein.

Alle Glaubenssysteme, die Lemurier, die Atlanter, die Mayas sprechen von dieser Bewegung, die 2012 stattfinden wird. Das menschliche Bewusstsein verändert sich, die Erde verändert sich, selbst das Herzzentrum wird neu ausgerichtet. Und diese Neuausrichtung repräsentiert diese Neue Bewusstheit auf der Erde. Es geht um die Ausbalancierung von Männlichem und Weiblichem, eine Neuausrichtung von Wahrhaftigkeit. Die kristalline Lichtkraft ist die Energie eines über 5000-jährigen Zyklus, der bald zu Ende geht. Jetzt steht dir diese Kraft zur Verfügung. Werde zu Gott in einem Moment!

Wie würdest du ein menschliches Wesen erschaffen? Du würdest es als einen Freund erschaffen, als eine Erweiterung Gottes, als ein Wesen, das die Welt verändern kann. Die großen Meister haben zu allen Zeiten gesagt, dass du mit deinem Bewusstsein Berge versetzen kannst, dass du deinen Körper heilen und spontane Regeneration erlangen kannst, dass du Kontrolle über alles haben kannst, weil die Menschen etwas Wundervolles sind.

Glaube endlich daran, halte dein Herz endlich offen, und gehe nicht mehr in die Dramen zurück, lasse nicht mehr die Situationen in deinem Alltag die Kontrolle übernehmen, die dich in deine Opferrolle zurückführen.

Schaue in die Wirtschaft, schaue in die Politik, sieh dir deine Nachbarn an: Überall werden Veränderungen stattfinden. Vielleicht benötigt es noch eine Generation, aber in den nächsten Jahren wirst du überall auf der Welt das Erwachen sehen. Warte nicht darauf, sondern gestalte es, sei Teil der Lichtkraft. Dafür wurdest du geboren. Nimm dir einen Moment, und danke deinen Eltern dafür, dass sie dir dein Leben geschenkt haben. Sie gaben dir die Möglichkeit, dein Herz zu fühlen, deine Lichtkraft zu entdecken, dein Bewusstsein zu erweitern, und nun bist du an dem Punkt, an dem du erwachst. Formen wir gemeinsam das Quantenfeld für die kristalline Lichtkraft dieser Zeit, eine Gemeinschaft, in der es sich lohnt, zu leben, und in der wir unseren Kindern die Chance geben können, sich wohlzufühlen. Sei, wer du bist!

Die Matrixwelle »kristalline Lichtkraft«

Im Folgenden lernst du, selbst eine Form dieser kristallinen Matrixwelle an andere zu übertragen. Das Quantenfeld der kristallinen Lichtkraft umfasst im Einzelnen die folgenden Qualitäten:

1. Heilung
2. Ausbalancierung
3. Reichtum und Überfluss
4. Die Liebe der Göttlichen Mutter
5. Ausdruck von Kreativität
6. Wahrhaftigkeit und Integrität
7. Einssein (Oneness)
8. Entwicklung des Akashapotenzials
9. Göttlicher Segen
10. Weisheit
11. Frieden
12. Superflow

Diese Qualitäten kannst du mit der kristallinen Matrixwelle in dir wieder wachrufen, sodass sie sich weiterentwickeln. Natürlich hat jeder Mensch diese Attribute bereits auf seine Weise und seiner Entwicklungsstufe entsprechend mehr oder weniger entwickelt. Du kannst mit der folgenden Methode bei dir oder einem anderen Menschen bewirken, dass die Entwicklung der Qualitäten weitergeführt wird.

✧ Aktivierung der kristallinen Matrixwelle

1. Öffne deine linke Hand, und schließe deine Augen.
2. Konzentriere dich dann nur noch auf deine beiden Handinnenflächen, und stelle dir vor, dass in jeder ein großer roter Kristall liegt.
3. Atme mit geschlossenen Augen sanft ein und aus, und konzentriere dich auf deine Handinnenflächen. Spüre, wie dort die kristalline Energie anfängt zu vibrieren. Jeder Mensch empfindet dies anders. Solltest du nichts spüren, macht das nichts. Atme einfach entspannt weiter, und nimm wahr, was geschieht. Du verbindest dich gerade mit deinem Akasha-Potenzial und klinkst dich in das Matrixfeld der kristallinen Lichtkraft ein.
4. Lege jetzt deine linke Hand auf die Abbildung »Lichtkraft 11-11-11«, und nimm die Energie für ein paar Sekunden bewusst in dich und deinen Energiekörper auf. Du nimmst wahrscheinlich eine intensive Schwingung wahr. Lasse deine Hand dort 30 Sekunden oder auch einige Minuten liegen, ganz so, wie es für dich intuitiv richtig ist.
5. Lege jetzt Daumen, Zeigefinger und Mittelfinger deiner rechten Hand in einer Dreiecksform auf deine Stirn (oder die der anderen Person), und konzentriere dich darauf, dass du die kristalline Lichtkraft über die drei Finger überträgst.
6. Tue dies, solange du magst.
7. Bleibe noch ein paar Minuten ruhig sitzen oder liegen, und nimm wahr, was sich in deinem Inneren tut.

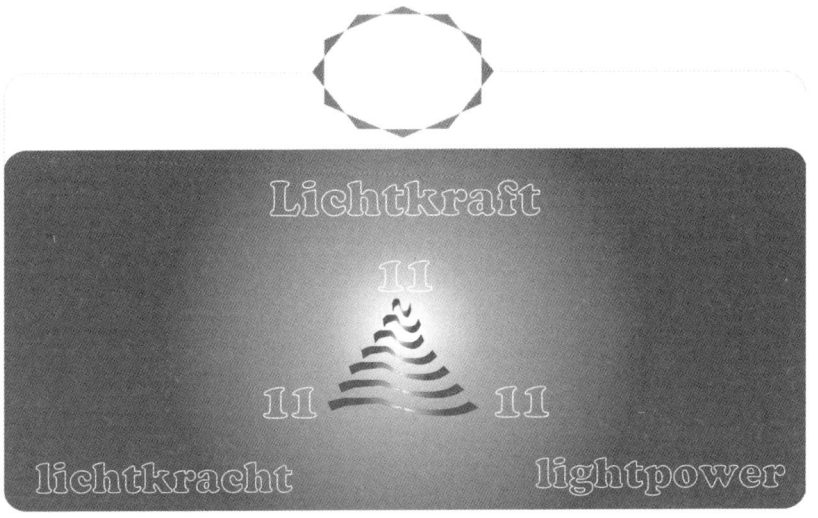

Aus meiner eigenen fünfzehnjährigen Praxis als Heil- und Gesundheits-Coach weiß ich, wie ermüdend diese Arbeit früher sein konnte. Habe ich an einem Tag mit vielen Menschen gearbeitet und viele »Heilfelder« kanalisiert, war ich oftmals müde und schlapp. Das ist auch kein Wunder angesichts der transformierende Kraft, die da durch mich hindurchfloss, weil ich mich als Kanal dafür anderen Menschen zur Verfügung stellte. Dazu visualisierte ich das Heilfeld, brachte mich damit in Verbindung, ließ es durch mein Kronenchakra hindurchfließen und gab es dann über die Hand oder das Herzchakra wieder weiter. Ich selbst war dabei inmitten all dieser Energie, was an sich sehr Kraft spendend ist. Doch natürlich wurde ich durch diese Verbindung auch direkt mit den alten Mustern und Energien eines Klienten konfrontiert und musste diese mittransformieren. Wenn man so arbeitet, ist man Mülleimer und Müllverbrennungsanlage zugleich.

Mit den modernen Methoden der Neuen Bewusstheit arbeitet man ganz anders. Stelle dir vor, du gehst in ein großes Lagerhaus. Darin stehen 13 gigantische Hochregale. 12 Regale sind voll mit kleinen Päckchen. Im 13. Regal stehen größere Pakete. Im Regal Nr. 1 stehen nur Päckchen mit einer 1 darauf, im Regal Nr. 2 mit einer 2 usw. Das besondere an Regal Nr. 13 ist, dass dort große Pakete mit dem Etikett »kristalline Lichtkraft« stehen.

Du bist in der kristallinen Matrixwelle nicht mehr Kanal, sondern vielmehr der Paketbote für diese Energien. Du gehst in das Lagerhaus, entscheidest, welches Paket du nehmen möchtest, und lieferst es dann an den anderen Menschen. Dabei kannst du immer entscheiden, ob du nur eine ganz bestimmte der 12 Qualitäten einzeln oder das Gesamtsortiment übergeben möchtest.

Jetzt musst du nur noch wissen, wo das Lagerhaus steht und wie du hineinkommst. Wie du an die Pakete mit der Zahl 13 kommst, weißt du bereits. In der Ausbildung zum zertifizierten Coach für die kristalline Matrix lehre ich Menschen an einem Wochenende, wie sie tiefer in diese Arbeit als »Logistikfachmann« für Quantenenergie einsteigen und an die anderen Pakete kommen können. Wenn du als spirituelle Coachin/spiritueller Coach, Therapeutin/Therapeut oder Quantenheilerin/-heiler gezielt an spezifischen Themen wie Heilung, der Transformation von Geldblockaden oder anderen Alltagsthemen arbeiten möchtest, ist dieses Wissen sehr hilfreich. Die kraftvolle Wiederverbindung mit der kristallinen Struktur eröffnet vielen Menschen ein ganz neues Leben, mehr Ausdruck ihrer Kreativität und mehr Gelassenheit. Sie kommen dadurch in das Feld des reinen Bewusstseins und können Wunder im Alltag manifestieren – das ist sozusagen das Wunder-Abonnement. Das ist Superflow. Und es ist dein Geburtsrecht. Lebe den kraftvollen Ausdruck deiner eigenen Größe!

Und nun noch das Karma

Lasse die ganze Liebe und das Mitgefühl der Meister der 12. Dimension zu dir hinfließen, und sei herzlich willkommen zum wichtigsten Kapitel in diesem Buch. Wir schauen nun ein Thema an, das die wahrscheinlich kraft-vollste Veränderung auf deinem Weg in das Quantenbewusstsein bringen wird.

Große Teile dieses Buches basieren darauf, dass du dich für neues Wissen öffnest. Dieses Wissens empfängst du hauptsächlich aus der Logik der Wör-ter und Erklärungen. Doch ein viel wichtigerer Teil ist die Energiearbeit, die im Hintergrund abläuft. Du musst diese Erfahrungen als Energiewesen ma-chen. Dies geschieht über den energetischen Aspekt dieses Buches, das ist der Teil des Quantenbewusstseins. Durch die Übungen hast du schon viel in Gang gebracht, vielleicht fühlst du dich sogar etwas ausgelaugt davon – das ist vollkommen in Ordnung. Aber nur etwa 30 % des Transformationspro-zesses gehen über den Verstand, der Rest kommt auf eine Weise zu dir, die dir möglicherweise noch recht unbekannt ist. Du hast dein Herz geöffnet und »zugestimmt«, dass die Engel und Meister der 12. Dimension dich auf deinem Weg unterstützen. Und es ist eine Ehre für die Meister, die sich aus den hohen Dimensionen des göttlichen Bewusstseins dafür öffnen, bei dir zu sein.

Die Meister lieben deine Energie, und sie genießen es, gerade heute hier zu sein, um dich zu umgeben, während du diese Worte liest. Auch wenn das für deinen Verstand kaum vorstellbar ist, ist es doch genau so, denn es ist ein interdimensionales Geschehen jenseits der Linearität, jenseits des dreidimensionalen Denkens. Seit Tausenden von Jahren haben die Meister auf diesen Zeitpunkt gewartet, an dem wir uns alle für die Energie, für das Wachstum und die Transzendenz geöffnet haben, bis du bereit dafür warst. Heute ist es so weit.

Vielleicht hast du vergessen, wer du bist und dass du möglicherweise die letzte Lebenszeit hier auf der Erde verbringst. Deswegen gehst du durch diesen intensiven Erwachens- und Transformationsprozess. Viele Veränderungen gehen in deinem Körper vor sich, dein Bewusstsein und dein Verstand gehen durch die größte Anpassung hindurch, die du je erlebt hast. Du kannst mehr und andere Fakten verarbeiten, denn dein Verstand wird zu etwas Göttlichem. Er muss nicht länger darauf eingeschränkt sein, nur Fakten, nur Tatsachen und nur analytisch zu verarbeiten. Er öffnet sich jetzt stärker den Gefühlen und den sensorischen Wahrnehmungen. Deine DNS verändert sich. Dein Bewusstsein erlebt eine Transformation, um hinter der Logik zu verstehen.

Diese ganzen Veränderungen laufen durch dich hindurch, sie geschehen in all deinen Mustern und Erinnerungen an die Vergangenheit. Es geht dabei auch um einen der größten Einflüsse, dem du bislang unterlagst, deinem Karma. Du willst das reine Gefühl entwickeln und in das Quantenbewusstsein gelangen. Und du hast festgestellt, dass viele Dinge dein reines Gefühl bisher mehr oder weniger ferngehalten haben. Du hast deine Lebensverträge und deine Serviceverträge losgelassen.

Auf dem Weg in das reine Bewusstsein müssen wir die »alte Energie« hinter uns lassen und in die »Neue Bewusstheit« gehen. Bei diesem Wandel spielt das Thema Karma eine große Rolle. Du hast bestimmt bereits viel darüber gehört und weißt, was Karma ist.

Im Themenbereich der Spiritualität, der metaphysischen und esoterischen Lehren ist das Konzept von Karma etwas sehr Faszinierendes, denn es erklärt so viele Dinge auf einfache Weise. Wenn du in einem vergangenem Leben jemanden anderen misshandelt hast, dann musst du das entspechende Karma in diesem Leben einlösen. Hast du im letzten Leben etwas Gutes getan, dann wird in diesem etwas Positives und Gutes zu dir zurückkommen. So funktioniert Karma, das kennst du. Dieses Prinzip dient der Ausbalancierung, der Ausrichtung und der Wiedergutmachung. Doch ist Karma ein spirituelles Gesetz? Ist Karma ein physikalisches Prinzip des Universums? Oder ist Karma etwas, was die Menschheit erfunden hat?

Meiner Meinung nach ist Karma nur ein Glaubenssystem des Menschen, denn dieses ganze Konzept des Karmas macht für uns heute keinen wirklich großen Sinn. Vielleicht ist es hilfreich für einen Teil der Kirchen und Religionen, um dir zu suggerieren, dass du etwas falsch gemacht hast, oder um dir klarzumachen, dass du nur ein kleiner Mensch bist, und auf irgendeine Weise nach Wiedergutmachung suchen sollst. Es geht letztlich darum, jemanden schuldig zu sprechen und ihn zu verpflichten, seine Fehler ausbalancieren.

Doch das ist von Menschen erfunden, denn die Menschheit entscheidet, was richtig und was falsch ist, sie verurteilt. Karma bringt dich dazu, Leben für Leben wieder auf die Erde zurückzukommen, es verwickelt dich in Lebensverträge und ist oft der eigentliche Grund dafür, dass du Serviceverträge vereinbart hast. Möglicherweise hast du Unfug getrieben in den letzten Leben, warst vielleicht ein Armeeführer oder ein Politiker oder eine Führungskraft, die Dinge getan hat, die du irgendwann für falsch gehalten hast. Vielleicht wurdest du auch dafür verurteilt, dass du etwas Falsches getan hast. Was machst du dann? Für dein nächstes Leben nimmst du einen Servicevertrag mit und sagst: Ich mache wieder gut, was ich vorher falsch gemacht habe. Das ist ein Weg, dich selbst dazu zu bringen, zu leiden. Dieser ganze Glaube an Karma verhindert, dass dein reines Gefühl wirklich in dein Leben treten kann. Ich sage es jetzt in aller Klarheit: Du kannst Karma in jeder Hinsicht entlassen. Du hast den Glauben an Karma akzeptiert, somit bist du auch in der Lage, es jetzt wieder abzulehnen. Denke daran, du hast die volle Verantwortung über dich übernommen, du bist eine Schöpferin, ein Schöpfer. Du brauchst dazu nicht in deine vergangenen Leben zurückzugehen, du musst nicht wissen, was du »falsch« gemacht hast, welche schrecklichen Dinge du getan hast. Du musst nicht mehr für alles geradestehen, was du in der Vergangenheit getan hast, denn das warst nicht »du«, sondern lediglich ein Aspekt von dir in diesem vergangenen Leben.

Möglicherweise fällt es dir schwer, das anzunehmen, doch du bist nicht verantwortlich für deine vergangenen Leben. Das waren Ausdrucksweisen, in dieser Zeit waren es vielleicht sogar Lebenspassionen deiner Seele. Heute bist du aber nicht mehr dafür verantwortlich. Erlaube dir jetzt, dass die Aspekte, die dieses Fehlverhalten verursacht haben, jetzt zu dir zurückzukommen, lade sie ein, wieder hier zu sein. Das ist sicherlich nicht leicht, wenn du immer noch in diesem Konzept von Karma festhängst. Es kann dich herausfordern, denn du wirst sagen: Ich habe Verantwortung übernommen. Ich muss die Vergangenheit wiedergutmachen.

Aber es ist jetzt für dich möglich. Und wenn du aus dieser alten Illusion aussteigst, dann kann der Prozess deiner vollen Entfaltung endlich beginnen. Vergiss »falsch« und »richtig«!

Möchtest du die Einladung der Meister der 12. Dimension annehmen, aus dem Konzept von Karma auszusteigen? Du kannst es an sie übergeben. Wirkliche Balance kommt von ganz allein, wenn du dich wirklich wahrhaftig selbst akzeptierst und so liebst, wie du bist. Du brauchst kein Karma dafür!

Die Überwindung dieses Glaubens wird dich auf die nächste Stufe bringen. Du bist, wer du bist. Du musst nicht alles mit Verurteilungen etikettieren. Nimm dir Zeit, bewusst zu atmen und dabei festzustellen, wie Karma dein Leben beeinflusst hat.

Du hast dieses Glaubenskonzept in der Vergangenheit akzeptiert, hast immer wieder diese Angst gespürt, etwas zu tun, weil du dadurch vielleicht Karma aufbauen könntest, und hast lieber nichts gemacht. So eine Regel brauchst du nicht mehr! Es gibt viele Menschen, die Karma immer noch akzeptieren, die es immer noch benötigen, die es immer noch wollen. Doch muss es ein Teil deines persönlichen Lebens sein? Karma kann eine sehr gefährliche Energie sein, weil es deine nächste Lebenszeit für dich erschafft. Dient dir Karma noch in irgendeiner Weise? Kannst du spirituell erwachen, solange du das Bedürfnis nach Karma weiter festhältst? Kannst du ein reines Gefühl erleben, solange du von diesen alten Prinzipien beherrscht wirst?

Ich weiß, dass dieses Thema zu einem der provozierendsten gehört, mit denen ich dich konfrontiere. Dich darauf einzulassen, kein Karma mehr zu haben, ist neu. Und du baust auch kein neues mehr auf! Atme noch einmal tief durch ...

✧ Lasse es los

Steht dir Karma wirklich immer noch so gut? Ich glaube nicht.

Möchtest du also nun die Entscheidung treffen, das Konzept von Karma loszulassen?

1. Ich empfehle dir: Lies dieses Kapitel zunächst noch einmal.
2. Atme 10 Minuten lang, und wiederhole dabei immer wieder den folgenden Satz im Stillen oder laut: »Ich habe jetzt den Mut, mich ganz und gar für das Quantenbewusstsein und mein reines Gefühl zu öffnen und alles loszulassen, was mich bisher davon abgehalten hat.«

3. Ich empfehle dir: Lies dieses Kapitel noch ein drittes Mal.

4. Atme wieder 10 Minuten lang, und wiederhole dabei immer wieder im Stillen oder laut diese Transfirmation: »Ich bin jetzt offen und bereit dafür, mich voll und ganz dafür zu öffnen, aus dem Rad des Karmas auszusteigen, ein für alle Mal, für immer und ewig.«

5. Ich empfehle dir: Lies das Kapitel noch ein viertes Mal.

6. Werde dir nun der ganzen karmischen Verbindungen und Erlebnisse bewusst, die du kennst oder die du glaubst zu haben, und schreibe alles auf, was du an Karma mitgebracht hast bzw. was du glaubst, an Karma mitgebracht zu haben. Keine Sorge, du kannst dabei nichts falsch machen.

7. Schreibe dir bitte die folgenden Fragen auf: Muss Karma ein Teil meines Lebens sein? Muss ich dieses Konzept von Gut und Schlecht und von Ausbalancierung wirklich haben? Dient mir Karma noch irgendwie? Kann ich spirituell erwachen, solange ich das Bedürfnis nach Karma weiter festhalte? Kann ich wirklich das allerreinste Gefühl erleben, solange ich von diesen alten Prinzipien beherrscht werde? Beantworte jede Frage schriftlich, klar und eindeutig.

8. Schreibe dann darunter: »Ich bin jetzt bereit dafür, alle karmischen Implantate aus meinem ganzen Energiefeld und allen anderen Ebenen und Dimensionen loszulassen – jetzt!«

9. Lege nun noch einmal deine drei Finger auf die Stirn, und verbinde dich mit dem Bild »kristalline Lichtkraft« (siehe Seite 171). Spüre die Energie. Lade die Meister der 12. Dimension zu dir ein, und erwarte sie für die kommenden Nächte, damit sie alle Implantate von Karma aus deinem Energiefeld entfernen.

Genieße die kommende Zeit der Klarheit, und gelange immer tiefer in das reine Gefühl. Erlebe ein Wunder nach dem anderen, und genieße den Super-flow, der nun Teil deines Lebens ist. Du bist ein Teil dieser neuen Zeit. Vielleicht, wenn du das willst, sehen wir uns schon bald persönlich. Ich freue mich darauf!

Thorsten Weiss

Im Alter von 25 Jahren begann Thorsten Weiss aufgrund der eigenen Krebserkrankung, sich intensiv die Frage nach dem Sinn des Lebens zu stellen. Nach zahlreichen Ausbildungen in verschiedenen alternativen Heilmethoden im spirituellen Bereich ist Thorsten Weiss heute Coach für Neue Bewusstheit, Meditation und Selbstheilung. Durch die Aktivierung der Selbstheilungskräfte konnte er bereits viele Menschen dabei unterstützen, ihren Körper gesunden zu lassen. Seine Spezialgebiete sind die Heilarbeit bei chronischen Krankheiten und Krebs, die Reduzierung von Körpergewicht und die Unterstützung dabei, Nichtraucher zu werden. Regelmäßig bietet er Seminare, Meditationen und Erlebnisabende an. Mit seiner Arbeit zeigt er Menschen, wie sie wieder in ihre volle Kraft zurückfinden können. Aus der Sicht der Vollkommenheit lehrt er, die eigene Kraft so zu fokussieren, dass die Rückkehr in die eigene Wahrheit einfach zu entdecken ist. Er lebt mit seiner Partnerin in den Niederlanden.

Besuchen Sie Thorsten Weiss auf seiner Webseite:

www.behealed.de

von Thorsten Weiss im ∧ Schirner Verlag erschienen

Der Workshop zu einem neuen Denken

Thorsten Weiss
Lebe Neue Bewusstheit

144 Seiten
ISBN 978-3-89767-918-4

Wir leben in einer Zeitenwende, in der vieles bislang Un-
denkbare möglich wird, einer Ära der Neuen Bewusstheit.
Genau jetzt ist der richtige Moment, diese neue Energie zu
aktivieren, um das eigene Leben gemäß den wahren Wün-
schen und Vorstellungen zu gestalten. Und jeder ist dazu
in der Lage. Wenn wir mithilfe dieses Buches unsere Bewusstheit erhöhen, treten wir mit der
Welt in eine neue Beziehung, aus der heraus Veränderungen fast ohne Anstrengung machbar
sind. Wir müssen uns nur dazu entschließen, unser Herz für die neue Energie zu öffnen.

Verbünden Sie sich mit Ihrem Körper!

Thorsten Weiss & Jenny Bor
Being Slim
Programmieren Sie Ihren Körper aufs Abnehmen

112 Seiten
ISBN 978-3-8434-5038-6

Kalorienzählen, Diätpläne, Fitnessstudio ... Wer abnehmen will,
muss leiden, oder? Nein: Wenn Sie die richtigen Grundlagen im Unterbewusstsein legen, geht
es wie von selbst. Entdecken Sie, welche inneren Programme an den Fettpolstern festhalten,
welche irrigen Überzeugungen Sie immer wieder zur Chipstüte greifen lassen – und wie Sie all
das ganz einfach transformieren und loslassen können. Wenn der Körper sein Okay gibt, lässt
sich die Wunschfigur problemlos erreichen und halten. Seien Sie es sich wert!

Thorsten Weiss
Heilung für dich
Aktiviere die Selbstheilungskräfte deines Körpers

Spielzeit: 46:50 Min.
ISBN 978-3-89767-851-4

Alle Krankheiten können von innen heraus geheilt werden. Der Hörer lernt, seine Aufmerksamkeit von der Krankheit abzuwenden und den Fokus auf Heilung zu richten. Egal an welchem Symptom er leidet, Gesundung ist immer möglich. Die Kraft des Geistes wird das Immunsystem stärken. Auf diesem Wege werden emotionale Muster gelöst, die die Ursache für den jeweiligen Zustand waren. Bei jedem Hören verfestigt sich der Heilzustand ein Stück weiter.

Thorsten Weiss
Frieden und reiche Fülle
Durch deine Verbindung mit der göttlichen Präsenz

Spielzeit: 27:26 Min.
ISBN 978-3-89767-849-1

Diese Meditation führt Sie an einen Ort, an dem Sie sich mit der Kraft der göttlichen Präsenz auf Erden verbinden können. Sie erhalten die Möglichkeit, Ihre Sabotagemuster und Blockaden, die Sie von einem Leben in Frieden und reicher Fülle fernhalten, Schicht für Schicht abzutragen. Jetzt ist die Zeit für Sie gekommen, sich selbst zu entdecken und Ihre Lebensumstände nach Ihren Bedürfnissen zu gestalten.

Thorsten Weiss
Im Quantenfeld der Heilung
Geführte Meditation mit Musikbegleitung

Spielzeit: 42:22 Min.
ISBN 978-3-8434-8143-4

Quantenheilung ist derzeit in aller Munde. Wie genau sie funktioniert, ist vielen aber nicht klar. Thorsten Weiss führt den Hörer dieser CD auf leicht verständliche und anschauliche Weise durch die notwendigen Schritte. So kann sich jeder ganz einfach mit dem Quantenfeld der Heilung verbinden und die Informationen, die der Körper zur Gesundung benötigt, einfach abrufen.